구름을
사랑한
보들레르

구름을 사랑한 보들레르

여기서 당신의 미래는 시작된다

초 판 1쇄 2025년 06월 24일

지은이 박지영
펴낸이 류종렬

펴낸곳 미다스북스
본부장 임종익
편집장 이다경, 김가영
디자인 윤가희, 임인영
책임진행 김은진, 이예나, 김요섭, 안채원, 이예준

등록 2001년 3월 21일 제2001-000040호
주소 서울시 마포구 양화로 133 서교타워 711호
전화 02) 322-7802~3
팩스 02) 6007-1845
블로그 http://blog.naver.com/midasbooks
전자주소 midasbooks@hanmail.net
페이스북 https://www.facebook.com/midasbooks425
인스타그램 https://www.instagram.com/midasbooks

ⓒ 박지영, 미다스북스 2025, *Printed in Korea*.

ISBN 979-11-7355-289-2 03810

값 17,800원

※ 파본은 구입하신 서점에서 교환해드립니다.
※ 이 책에 실린 모든 콘텐츠는 미다스북스가 저작권자와의 계약에 따라 발행한 것이므로 인용하시거나
  참고하실 경우 반드시 본사의 허락을 받으셔야 합니다.

미다스북스는 다음세대에게 필요한 지혜와 교양을 생각합니다.

여기서 당신의 미래는 시작된다

구름을 사랑한 보들레르

박지영 지음

미다스북스

차
례

여는 글 006
이 세상 밖을 꿈꾼 시인, 보들레르와의 대화 010

1부
문학 없이 살 수 없었던 이들

보들레르의 여인들 049
삶의 본질과 진실에 다가가는 시인 058
조안과 콜레트 067
마광수를 말하다 073
구름을 사랑한 보들레르 079

2부
어떻게 쓰고 말할 것인가

세 개의 의자가 있는 풍경 087
우리를 꿈꾸게 하는 글쓰기 092
말모이와 우리 한글 097
문학은 사람에 관한 이야기 103
『어느 가족』에서 나를 보다 109
여성이라는 병 115

3부
어떻게 살 것인가

이집트에서 그걸 찾다 121
뮤어우즈와 바다 138
구로베 협곡에서 본 슬픈 우리 역사 144
날씨 이야기 150
봄 맛 156
삶과 죽음에 대하여 161

4부
말할 수 없는 것을 말하다

우리는 어디로 가고 있는가 169
학교 예찬 175
우울한 사회와 청소년 180
합창에서 배우는 지혜 186
기후의 변화 191
미세 플라스틱의 공포 196
행복은 마음먹기에 달렸다 202
하나님께 맡깁니다 206
나의 친구 210

마치는 글 214

여는 글

시는 내 인생

  삶의 굴레에 갇혀 답답했던 순간들이 있었다. 마치 벽에 갇혀 한 발자국도 나아갈 수 없는 듯한 중압감이 나를 짓눌렀다. 그때 내 안에서 알 수 없는 감정들이 차올랐다. 늦은 밤 찰랑찰랑 차오른 말들을 일기 속에 풀어놓을 때 "너 지금 뭐 하고 있니?" 하는 속삭임이 들려왔다. 그 한 마디가 나를 깨웠다. 그때 시가 내게로 왔다. 내 몸에 이미 예정된 듯 불을 지폈다. 문인을 일컬어 영혼에 생선 가시가 박힌 사람들로 비유하는데, 그 가시가 내 영혼에도 박혔다는 것을 알았다. 그렇게 시는 내 인생의 일부가 되었다.

  학창 시절에 읽었던 몇 편의 소설과 시에 기대어 시를 썼다. 지금 돌이켜보면 무지하고 무모했다. 열정만 믿고 삼십 대 중

반에 준비도 없이 등단을 했다. 문단은 넓고 황량했으며 서러웠다. 가도 가도 여호수아 나무만 우뚝 서 있는 광활한 사막 같았다.

등단은 하나의 관문일 뿐, 시작에 불과했다. 결국 시의 깊이와 기법을 제대로 이해하지 못해 기초부터 다시 공부했다. 나는 내가 알지 못하는 무의식의 저편, 유년 시절에 대한 몽상과 현실 사이에서 헤매고 있었다. 왜 그렇게 고통스러웠는지, 어떤 이유로 아픈지 알 수 없는 괴로움 속에서 내면의 어두운 감정과 마주하면서 점차 인간의 내면에 대한 관심이 커졌다.

시는 쉽게 마음을 열어 주지 않았지만, 나는 그 속에 깊이 빠져들었다. 열정만 가지고 시가 써지지는 않았다. 자주 발에 걸려 넘어졌고 만신창이가 되었다. 시로 인해 상처를 받았고 시로 인해 치유를 받았다. 시는 나 자신을 찾아가는 긴 여정이었다.

시에 매달린 삼십여 년이 고통의 나날이라 여겼으나, 아이러니하게도 내가 그 고통마저 즐기고 있었다. 시를 쓰면서 얻은 기쁨이 더 컸기 때문이다. 나는 인간의 고뇌를 시 속에 담고 싶었다. 꽃은 피었다 지지만, 뿌리는 계속 지평을 넓혀간다. 시는 삶에 뿌리를 내리고 살아가는 식물과 같다고 생각하며 말이 꿈꾸길 바랐다. 그동안 참 많은 인생의 스승을 만나왔다. 내 눈을 뜨게 해 준 이들, 사람이든 책이든 풀 한 포기, 작은 씨앗 하나도 모두 스승으로 여겼다.

책을 정리하던 중 얇고 오래된 파란색 책자를 보았다. 그것은 45년 전 학과의 논문집이었다. "아! 이게 여기 있었구나." 하며 누렇게 변색되어 부서질 듯한 책자를 조심스레 펼쳤다. 그 안에는 내가 쓴 소논문이 있었다. 인간 내면의 복잡한 감정과 현대 도시 사회 속에서 느끼는 고독, 소외 그리고 불안을 시에 담아낸 보들레르가 있었다. 멀리 보지 못하고 내 앞의 말에 코 박고 있던 나는 그를 내 곁으로 불러냈다.

오랜 기다림 끝에 『구름을 사랑한 보들레르』가 세상의 빛을 보게 되었다. 이 빛이 우리의 길을 밝혀 주리라 믿는다.

내게 그대 진흙을 주었지만,
난 거기서 금을 끌어내었소.

−보들레르, 「에필로그」에서

이 세상 밖을 꿈꾼 시인, 보들레르와의 대화[1]

박지영: 깊은 잠에 빠져 계신 선생님을 깨웠습니다. 불편하신 건 아닌가요? 이렇게 대담에 응해 주신 무슈 보들레르 감사합니다. 만나 뵙고 싶었습니다.

보들레르: 158년 만에 나를 깨운 사람이 한국의 시인이군요? 무슨 일인가요? 지루하고 권태로웠는데 잘 깨웠습니다.

박지영: 다행입니다. 무슈 보들레르, 다름이 아니라 이번에 선

---

[1] Charles Pierre Baudelaire(1821. 4. 9~1867. 8. 31): 프랑스 파리에서 출생했다. 시인, 미술평론가, 문학평론가로 활동했다. 시집 『악의 꽃(Les Fleurs du mal)』, 『파리의 우울』과 소설 『라팡파를로』를 발간했다.

생님의 시와 삶에 대해 인터뷰를 진행하고자 합니다. 선생님의 시에 영향을 받은 시인은 셀 수 없이 많습니다. 프랑스에서도 베를렌, 랭보, 말라르메 등 많은 후배 시인들이 있지 않습니까? 우리나라 시인들 역시 많은 영향을 받았습니다. 저 또한 영향을 받았기에 선생님이라고 부르겠습니다.

보들레르: 아! 그렇습니까. 선생님이라고 부르는 것이 불편하긴 하지만 어쩔 수 없지요.

1. 거리의 산책자, '추함' 속에서 아름다움을 발견하다

박지영: 저는 선생님의 시와 산문을 읽으면서 정말 놀랐습니다. 선생님께서 더럽고 추악하며 고통스러운 것들을 극도로 싫어하시면서 어떻게 그것을 외면하지 않고 「썩은 고기」와 같은 시를 묘사했는지 궁금합니다.

보들레르: 고통스럽지 않은 사람이 어디 있겠습니까? 내 삶 자체가 고통스러웠는데요. 저에게 세상은 지옥 그 자체였습니다. 「이 세상 밖이라면 어디든지」에서 이 세상을 병원이라고 비유하지 않았습니까? 이 사회는 거대

한 병원이고, 누구도 자신을 구원할 수 없는 곳이라고 여겼습니다. 하늘은 뚜껑을 덮어놓은 것 같아서, 우리에 갇혀 있는 나는 세상을 벗어날 수 없다는 절망감에 휩싸였습니다. 절망한 내가 할 수 있는 일은 세상을 관찰하는 것이었습니다.

박지영: 아! 그래서 거리의 산책자라는 말을 듣게 되셨군요. 특히 노인들이나 가난한 사람들에 대한 시가 많더군요. "그대는 아는가. 주름살을? 늙어가는 두려움을"이라고 「공덕」이라는 시에서 쓰셨죠. 그리고 자연스러운 것보다 인공적인 것을 더 선호하시던데요.

보들레르: 「가련한 노파들」 말입니까. 노인들은 나와 무관하고 멀리 떨어져 있다고 생각했어요. 그런데 훗날, 노쇠해져 흉측하고 괴물 같은 나의 모습을 노인들을 통해 그려 보았습니다. 거기서 시가 촉발되었습니다. 노쇠하고 흉해진 모습은 우리 모두의 모습이며 인간이면 누구나 겪게 되고 가야 할 길이라는 것을 인식하게 되었지요. 나의 이성이 노인에게 빨려 들어가 나를 헤어나지 못하게 했습니다. 지금 떠오른 생각인

데, 그건 아마도 나이 많은 아버지의 영향인 것 같습니다. 내가 여섯 살 때 돌아가신 아버지는 머리가 희끗한 육십 대 할아버지였습니다. 노인들을 보면 그냥 스쳐 지나가지 않고 관심을 갖고 바라보았습니다. 한편으로 저는 자연스러운 것들, 본능적인 것을 혐오할 만큼 싫어했습니다. 본능적인 것은 동물적이라 여기면서 인공적인 것을 더 선호했지요. 추함 속에서 아름다움을 찾아내는 것이야 말로 시인의 임무니까요.

박지영: 그래서 선생님은 인간의 추한 모습에서 아름다움을 찾아내시고, 인공적인 것에서 몽상과 미학을 발견해내셨군요. 선생님은 시를 쓰시면서 소설, 미술 평론, 연극 대본 등 다양한 장르를 넘나들며 활동하셨습니다. 에드거 앨런 포의 소설도 번역하셨고요. 그런 활동들은 시 쓰기에 방해되지 않으셨나요?

보들레르: 모든 예술을 아우르는 것은 자신의 역량이라고 생각합니다. 자신이 할 수 있다면 나쁘지 않습니다. 시만 생각하고 바라본다고 좋은 시를 쓸 수 있는 것은 아닙니다. 삶의 경험과 예술적 감각이 서로 조화를 이

루는 가운데 시가 창작된다고 봅니다. 다양한 장르의 글은 제 자신이 타인을 향해 마음의 문을 연 것이라고 봅니다. 1845년 파리 현대미술전에 대한 미술 비평을 썼습니다. 저는 경제적으로 곤궁해서 글로 생계를 유지하기 위해 쓴 경우도 있습니다.

1852년에 에드거 엘런 포의 작품을 처음 접했습니다. 그의 작품은 신선하고 신비로워서 나의 호기심을 자극했습니다. 그의 글을 읽다 보니 나를 보는 것 같았습니다. 저는 절대적이고 영원한 아름다움은 존재하지 않는다고 생각합니다. 기껏해야 다양한 아름다움의 외면에서 뽑아낸 추상일 뿐입니다. 예술 지상주의를 거부했습니다. 형식의 절제와 엄격함이 없는 감정의 분출은 용납할 수 없었는데, 앨런 포가 바로 그랬습니다.

박지영: 아! 그랬군요. 에드거 앨런 포의 작품에 끌려 번역하신 거군요. 그의 글을 보고 "나를 보는 것 같았다"는 말에 대해서 자세히 말씀해 주세요.

보들레르: 에드거 앨런 포는 저에게 큰 영향을 미쳤습니다. 형

제애를 느낄 정도로 나와 닮았어요. 포는 만난 적도 없는 영국의 작가입니다만, 당시 포는 저에게 생각하는 것을 가르쳐 주었습니다. 그의 책을 처음 펼쳐보았을 때 제가 꿈꾼 주제들뿐 아니라 제가 생각한 문장들이 20년 전에 이미 그가 써 놓은 것이라서 전율과 환희를 느꼈습니다. 1848년 7월에는 첫 번역으로 『최면의 계시』를 발표했습니다.

"시는 스스로 존재하는 것이며, 시는 시일 뿐 그 이상 어떤 것도 아니며 시만을 위해 시는 쓰여진다"라고 말한 포의 시론에 깊은 감명을 받았죠. 평소 제 시에 대한 내 생각과 잘 맞았습니다.

이미 「젊은 문학인들에게 주는 충고」에서 시인의 도덕성, 정신건강학 등에 관한 글을 저도 썼습니다. "문학에서 번뜩이는 영감 같은 것은 존재하지 않으며 오직 매일 끈질긴 작업을 통해서만 대향연에 이를 수 있다. 그리고 명성에 관해 말하자면 일찍이 벼락처럼 떨쳐진 명성이 있는지 보라, 이는 번번이 눈에는 보이지 않지만 그 이전의 끊임없는 노력의 결과다"라고 말했었는데, 포의 글에도 같은 의미가 담겨 있었습니다. 제 생각이 옳았다는 것을 확신할 수 있어 기뻤습니다.

2. 미술 비평과 「상응(correspandance)」의 탄생

박지영: 선생님의 시론과 포의 시론이 비슷했군요. 선생님은 광범위한 지각 능력을 가지고 계신 것 같습니다. 미술 비평에서는 색채를 조화로운 멜로디에 비유하신 것이 인상적입니다. 그렇게 나름의 체계적인 코드를 가지고 계신데, 어떻게 익히셨는지 궁금합니다. 오늘날까지 선생님의 비평이 깊은 여운을 남기고 있습니다. 들라크루아는 선생님의 비평 덕분에 사람들이 눈여겨보게 되었다고 하는데, 어떻게 생각하시나요?

보들레르: 평소에 오르세 미술관을 지나갈 때면 꼭 들어가서 작품을 감상했습니다. 한 작품씩 마음에 새기며 보았습니다. 작품을 보면서 작품의 서로 다른 점을 알게 되었습니다. 그리고 스탕달이 쓴 미술 평론의 영향과 어릴 적 아버지의 영향이 컸던 것 같습니다. 아버지

는 예술 애호가였습니다. 화가는 아니었지만 그림을 그리셨습니다. 어릴 적 아버지께서 저에게 그림의 형태와 선의 아름다움을 감상하는 법을 가르쳐 주셨습니다.

저는 미술 비평에서 작품의 주제보다 구성과 배치, 빛과 어둠의 분배 등에 더 관심을 두었습니다. 저는 자연의 색깔에는 음악적인 가락이 있다는 것을 깨달았습니다. 그림은 음악처럼 시각이 우리 영혼 깊은 곳에서 감동과 신비스러운 동요를 일으킨다고 생각했습니다. 젊은 화가들에게는 대부분 멜로디가 결여되어 있습니다. 어떤 그림이 선율적인지 아닌지 알 수 있는 좋은 방법은 주제나 선들을 보이지 않을 만큼 몇 발자국 물러나서 그림을 보는 것입니다. 저는 미술 비평을 쓰더라도 창조적이며 시적인 글이 되도록 노력했습니다.

들라크루아의 색채는 잔인할 만큼 독특하고 강렬했습니다. 그의 그림은 어디에서도 볼 수 없는 인간의 고통과 우울을 담고 있었습니다. 심연의 깊은 곳에서 흘러나오는 흐느끼는 색채로 채워져 있었습니다. 영혼의 울림을 주는 작품입니다. "들라크루야, 악마들이 넘나드는 피의 호수/그곳은 언제나 푸른 전나무 숲으로 그늘이 지고/어두운 하늘 아래 기인한 군악대들/베버의 숨죽인 한숨인 양 지나간다." 「등대들」은 들라크루아의 그림에서 이미지를 차용해 썼습니다. 그림에서 선율을 느꼈던 것이죠.

박지영: 그림에 대한 깊은 조예에 놀랐습니다. 그림을 감상하면서 작품의 주제보다 빛과 어둠의 분배, 색조에서 흘러나오는 선율을 주목하시다니 새로운 그림 감상법을 제시해 주신 것 같아요. 이러한 예술의 교감이 바로 선생님의 시 「상응(correspandance)」이 탄생하게 된 배경인 것 같습니다. 이 시로 인해 상징주의의 문을 열었다고 평론가들이 말합니다. 시로 풀어쓴 시론이라고 하는데 선생님 의견을 듣고 싶습니다.

보들레르: 「상응」은 소네트 형식의 정형시입니다. 자연의 사물과의 교감을 이야기하고 싶었습니다. 모든 감각을 풀어헤쳐 놓음으로써 새로운 세계를 발견할 수 있다고

봅니다. 자연은 보이지 않는 것으로 은밀하게 서로 연결되어 있어, 현실의 물질로는 표현하기 어려운 신비스럽고 초월적인 것이 있다고 생각합니다. 현실의 고통과 결핍된 삶을 상상력을 통해 시적 이미지로 대체했습니다. 감각과 감각 사이의 교류, 감각과 정신의 교류를 시도했습니다. 자연을 정돈하고 치장하고 멋지게 꾸미는 인위적인 작업은 예술가의 몫입니다. 눈에 보이는 있는 그대로의 자연으로부터 직접적인 기쁨과 감각을 느끼면서 더 나아가 신성하거나 악마적인 것을 표현해 내는 것도 시인의 몫이라고 생각합니다. 「상응」둘째 연을 읽어 볼까요.

밤처럼 빛처럼 드넓은
깊고 어두운 통일성 속에서
길고 긴 메아리 멀리 멀리서 은은히 어우러지듯
향기와 색깔과 소리로 서로 화답하네.

이 시에서 뭔가 느껴집니까?

박지영: 네. 향기, 색깔, 소리가 제각각 존재 하는 것이 아니라 감각의 세계가 서로 연결되어 교감하는 것 같습니다. 새로운 감각이 깨어나는 듯합니다.

보들레르: 맞습니다. 그런 감각을 표현하려고 했습니다.

3. 댄디즘과 나르시시즘

박지영: 이번에는 선생님의 옷차림에 대해 여쭤보겠습니다. 선생님께서는 옷차림에 특히 신경을 쓰시는 멋쟁이더군요. 선생님보다 늦게 태어난 정신분석가인 구스타프 프로이트는 선생님의 그런 모습을 두고 나르시시즘의 영향이라고 언급했습니다. 그것에 대해서는 어떻게 생각하십니까?

보들레르: 댄디는 외부로 드러나는 차림새의 완벽함을 가꾸는 동시에 내적인 영웅주의의 표현 방식입니다. 댄디즘은 타인에 대한 도발이나 과시가 아니라, 도달하기 힘든 완벽한 미에 가까워지려는 노력입니다. 댄디를 유지하기 위해서는 끊임없이 고상함을 갈망해야 합니다. 저는 거울 앞에서 살고 잠자야 한다고 생각했

습니다. 댄디즘은 무엇보다 스스로에게 완벽함을 요구하는 엄격함에서 비롯된 것입니다. 자신에게 요구하는 일종의 내적인 도덕률이라고 할 수 있죠. 아마도 저는 강박증이 심했던 것 같습니다. 한 번도 허투루 외출한 적이 없으니까요. 저는 남들과 다르다는 의식을 가지고 있었습니다. 간단히 말하자면 정신적 귀족주의를 다른 방식으로 표현한 것이라 할 수 있습니다. 거울을 자주 들여다보고 꾸미기를 좋아했으니 나르시시즘에 빠졌다고 할 수도 있겠지요.

박지영 : 아! 알겠습니다. 남들과 다른 자신의 스타일을 표현하면서 규범적인 질서에 저항하신 거네요. 나르시시즘이야말로 사랑의 기원입니다. 사랑은 나르시시즘에서 비로소 그 모습을 갖추어 가니까요. 선생님의 작품에는 여인들에 대한 시가 많습니다. 선생님은 여성을 찬양하고 아름다움을 숭배하시면서, 어떻게 현실의 여성에 대해 무시하고 혐오하는 발언을 하셨는지요? "여자는 댄디의 정반대이다 (…) 여자는 배고프면 먹으려고 하고, 목마르면 마시려고 한다 (…) 여자

는 자연적이다. 달리 말하면 여자는 혐오스럽다. 그런 까닭에 여자는 항상 속되며, 댄디의 정반대이다."라는 말을 했던 걸로 기억합니다. 여기에 대해 어떻게 생각하시는지요? 선생님이 지금 이 시대에 살고 있다면 그 발언은 "미투"의 고발 대상이 되리라는 걸 알고 계십니까?

보들레르: 미투요? 허허, 제가 이 시대에 태어나지 않은 걸 참으로 감사해야 할 것 같습니다. 이 시대의 여성들은 제 시를 쳐다보지도 않겠네요. 저는 여자들을 교회에 들여보내는 것을 보고 항상 놀랐습니다. 그녀들이 하나님과 어떤 대화를 나눌 수 있을까? 생각했으니까요.

박지영: 아! 그런 발언은 정말 위험합니다. 여자들이 벌떼처럼 달려들어 선생님을 가만두지 않을 겁니다. 선생님이 여자를 경시하는 것은 남성우월주의에서 기인한 것 같습니다.

보들레르: 사실 늙은 여인은 나의 혐오의 대상이 아닙니다. 노파들은 위험한 유혹을 잃어버린 존재입니다. 그러나 늙은 육체를 보는 것은 저를 힘들게 합니다. 시간의

위협에 대한 공포를 거기서 느끼기 때문입니다. 늙음과 죽음을 같은 선상에 두고 보았던 것 같습니다. 죽음에 대한 두려움은 아버지의 부재가 나에게 준 영향인 것 같아요. 그리고 제 자신의 내밀한 감정에 대한 수치심을 느낄 때면 나는 방어적인 반응을 보였습니다. 여성의 무감각과 정신성의 결여는 사랑의 완성을 방해하는 요소였습니다. 사랑하는 이들 사이에서 생각이 통하지 않는 것에 절망했습니다.

4. 권태 속에서 탄생한 『악의 꽃』

박지영: 그렇다면 선생님은 욕망하는 것과 사랑이 같은 방향에서 하나로 합쳐지길 바라셨군요. 그래서 젊은 여성을 두려워했나요? 선생님의 마음을 빼앗길까봐 두려우셨군요. 제 말이 맞나요? 선생님은 권태를 "악"이라 했습니다. 그것에 대해서 말씀해 주세요.

보들레르: 허허, 그럴지도 모르겠습니다. 내면일기에서 저의 성격의 이중성을 반복해서 고백했습니다. 아주 어렸을 때부터 저는 가슴 속에서 두 가지 모순되는 감정을

느꼈습니다. 양극적인 성격이 공존하며 동시에 삶에 대한 강한 호기심과 욕망을 가지고 있었습니다. 미지의 세계에 대한 부름과 그 세계에 대한 호기심이 많았습니다.

나의 삶은 순탄하지 않았습니다. 6세에 아버지가 돌아가시고 1년 반 후에 어머니가 재혼을 하셔서 양아버지 오픽 장군 밑에서 억압된 생활을 했습니다. 예술가 기질이 있던 돌아가신 아버지와 달리 군인이었던 양아버지는 나를 엄격한 형식적인 틀에 가두어 키웠습니다. 저는 그런 그가 싫었지만 어렸기 때문에 그가 시키는 교육을 그대로 받아들일 수밖에 없었습니다. 그는 내 취향이 아닌 법관이 되기를 원했습니다. 법과대학에 입학해 강의 등록만 하고 원하는 책을 읽으며 시를 쓰고 그림 그리는 자유분방한 친구들과 어울렸습니다.

어느 날, 예기치 않은 긴 항해를 떠나야 했습니다. 방탕한 친구들과 어울리며 무절제한 삶을 산다는 이유로 가족들은 저를 바로잡기 위해 인도양으로 배를 태워 보냈던 것입니다. 저는 항해 중 향수병에 시달렸습니다. 까다로운 성격 때문에 선원들과 잘 어울리지 못했습니다. 여행은 매우 고통스럽고 우울했습니다. 저의 몽상과 사색의 원천인 파리를 그리워하며 열병을 앓았습니다. 그러나 지나고 보니, 긴 항해의 여정이 제 시에 많은 영향을 끼쳤습니다. 태양빛과 열기, 강렬한 색깔, 나른한 삶이 제 정신과 몸을 충만하게 했습니다. 반복적인 일상에서 오는 무료하고 권태로운 것은 정말 견딜 수 없었습니다. 그런 분위기와 공기를 너무나 싫어해서 '악'이라 지칭했던 것입니다.

박지영 : 그렇군요. 선생님, 『악의 꽃』에 권태라는 말을 많이 사용하셨더군요. 선생님의 시에서 "사람들의 눈에 권태가 비처럼 내리는", "끝 모를 권태에 잠겨라", "권태로 내 영혼은 잔인해진다.", "그대 눈동자는 내 권태가 목을 축이는 웅덩이라"는 구절들을 찾았습니다.

보들레르 : 권태란 시어가 들어 있는 구절을 잘도 찾아내셨군요. 저는 어린 시절부터 우울감에 사로잡혔습니다. "가족이 있어도/그리고 특히 친구들 가운데에서도 느끼는/

영원히 고독한 운명의 예감"이 있었던 것 같습니다.

양아버지와 어머니, 형이 합심하여 강제로 보낸 긴 항해에서 제가 돌아오면 문학과 멀어지고 현실적인 사람이 될 것이라고 생각했던 것 같습니다. 그러나 부모님의 기대와 달리 배를 타고 가는 긴 항해를 하면서 저는 자아를 발견하게 되었고 문학 쪽으로 확고하게 마음을 굳히는 계기가 되었습니다. 그것은 고독과 우울 속에서 얻은 소중한 결과였습니다. 권태를 느끼는 순간 그것에서 벗어나는 길이 "술이든, 시든, 무엇이든"(「취해라」) 하며 내 마음대로 움직이는 것이었습니다.

박지영: "악의 꽃"이라는 제목은 한 세기 반이 지난 지금도 여전히 신선합니다. 어떻게 붙여진 제목입니까? 제목에서부터 대립과 긴장감이 느껴집니다. 『악의 꽃』을 현대시의 복음서라고도 하던데요.

보들레르: 시집 제목은 몇 차례 변경한 후에야 『악의 꽃』으로 결정했습니다. 악과 꽃은 서로 어울리지 않을 것 같지만 말과 말이 서로 밀쳐내면서 영향을 주고받으며 시

너지 효과를 냈습니다. 미와 윤리가 함축된 제목입니다. 아름다움과 원죄의 고통을 의미하는 악과 꽃 두 단어가 결합된 것이지요. 이중적인 의미를 가지고 있는 모순어법(oxymoron)이 매력적이지 않습니까?

5. 후대의 해석과 대중이 바라보는 보들레르

박지영: 제목이 호기심을 불러일으킵니다. 악과 꽃의 대립이 조화를 이루는 것 같군요. 선생님께서 이 세상을 떠나신 지 158년이 지난 지금도 많은 이들이 선생님의 시를 읽고 연구하며 상징주의 시의 기원으로 여기고 있습니다. 『악의 꽃』과 『파리의 우울』, 그리고 선생님의 메모까지 『보들레르의 수첩』으로 출판되었습니다. 선생님의 작품이 사후 유럽은 물론 전 세계에서 마지막 위대한 시인의 작품이라 불리고 있는데, 이 사실을 선생님께서 예견하셨나요?

보들레르: 1857년에 『악의 꽃』을 발간했을 때, 저는 전 인류가 나에게 맞서도록 만들고 싶었습니다. 어머니에게 쓴 편지에서 모든 것으로부터 저를 위로해 주는 쾌락이

거기 있다고 이야기했듯이, 큰 야망을 품고 있었습니다. 이렇게 대놓고 묻는 것이 조금 난처하지만, 저는 오만했습니다. 당대의 최고 자리에 오르고 싶은 욕망이 가득했죠.

박지영 : 역시 그러셨군요. "만일 내 이름이 다행히 후세에 남아…… 고고한 내 시에 매달리듯 남아 있게 하기 위함이다."(「그대에게 이 시를」)라고 말씀하신 구절이 떠오릅니다. 선생님, 대단한 욕망과 자부심을 가지고 계신데, 『악의 꽃』에서 삭제된 여섯 편에 대해 심기가 많이 불편하셨지요? 1949년 5월 31일 프랑스 최고 법원은 파기 선고를 내리고 무죄 판결을 받아 선생님의 명예가 회복되었다는 사실을 알고 계신가요?

보들레르: 그렇게 될 줄 알았지만 생각보다 시간이 오래 걸렸습니다. 6편의 시가 공중도덕과 미풍양속에 저해 된다니 그걸 생각하면 지금도 화가 납니다. 그리스 신화 속에는 그보다 더한 사건과 표현도 있잖습니까? 그런데 상징적인 언어표현에 대해 그런 편견을 가지다니 참 답답했습니다.

박지영: 선생님은 시집으로 『악의 꽃』 한 권을 남기셨습니다. 『악의 꽃』에 162편의 시가 담겨 있는데 20년 이상 시를 쓰신 경력에 비하면 과작이라는 생각이 듭니다. 선생님은 시를 발표할 때와 시집에 묶였을 때의 시가 많이 다르다고 합니다. 평생 시를 다듬으셨다고 하던데 맞습니까?

보들레르: 제 시집은 다른 시인들처럼 시를 모아 놓은 것이 아닙니다. 통일성을 제대로 갖춘 시집으로 평가 받고 싶었습니다. 다른 시들과의 관계에서 대응과 조화가 이루어져, 음악이 울릴 때까지 구상하면서 퇴고를 거듭했습니다. 나는 앎다움을 추구하면서 형식적인 기교와 멋을 추구하는 것에서 벗어나고 싶었습니다. 시를 발표한 후에도 계속 수정하고 손질했습니다. 그리고 무엇보다 시에서 음악이 흐를 때까지 언어를 다듬었습니다. 남이 가지 않은 문학의 길을 가고자 꾸준히 모색했습니다.

간행을 예고하고도 실제 출판까지 10년이 걸렸습니다. 37살에 첫 시집을 발간했습니다. 시집을 건축물이라고 생각했습니다. 그 안의 여섯 편의 시가 미풍을 해쳤다고 삭제된 것은 마치 건축물이 붕괴되는 것처럼 큰 충격이었습니다. 그러한 형벌을 받아들이기 힘들었습니다. 치욕스러웠습니다. 나의 문학 인생에 이런 일이 있다니…… 1년 이상 시를 발표하지 않았습니다.

박지영: 상당히 충격이 컸나 봅니다. 그래서 선생님은 대중과 사회에 대한 혐오감을 갖게 되셨나요? 발표할 그 당시에는 소수의 사람들만이 읽고 이해했으리라 봅니다. 대중들은 이해하기 힘들 거라 여겨집니다. 그리고 선생님의 시를 읽으면 "나라는 인간은 악귀가 제 얼굴을 비춰보는 불길한 손거울이다"(「자기 자신을 벌하는 사람」), 또는 "오! 주여! 내 마음과 몸을 혐오감 없이 바라볼 수 있는 힘과 용기를 주소서!"(「시테르 섬으로의 여행」)에서 자신을 관찰하고 자학하고 있다는 느낌을 많이 받았습니다.

보들레르: 그럴지도 모르지요. 저는 저에게 일어나는 일을 관찰하고 의식했습니다. 거울 앞에 있는 사람처럼 그렇게

했습니다. 그래서 저는 사회와 대중의 무지에 혐오감을 느꼈습니다. 미적 감각의 결여와 정신성의 부재는 더 못마땅했습니다. 예술가와 대중의 이질감을 「개와 향수병」, 「어느 희롱꾼」에 그런 감정을 다 풀어 놓았습니다.

6. 작품 속에 묻어난 시인의 삶과 생활

박지영 : 선생님, 제가 선생님의 시를 제대로 이해하지 못하고 대담을 청해 부끄럽습니다. 선생님은 자의식이 엄청 강하신 것 같아요. 자기를 바라보는 또 다른 자아가 있는 것 같습니다. 선생님의 의식이 감방에 갇혀 있다고 느끼셨군요. 그 당시 선생님은 이미 앞서 미래를 예견하셨으니 사회와 대중은 선생님의 작품을 당연히 이해하지 못했을 것입니다. 선생님이 아끼는 시 한 편을 소개해 주십시오.

보들레르: 시를 쓸 때면, 알바트로스처럼 태풍을 넘나들며 마음껏 상상의 나래를 펼칠 수 있습니다. 알바트로스는 나의 운명과 닮았다는 생각을 했습니다. 번역문이라

잘 전달이 될지 모르겠습니다.

시도 때도 없이 뱃사람들은 재미 삼아
알바트로스를 붙잡는다.
바닷길을 미끄러져가는 배를 좇는,
한가한 여행의 길동무인 거대한 바닷새.

그들의 갑판에 내려놓자마자
이 창공의 왕은 서투르고 치욕스런 몸짓으로,
마치 양 옆구리에 붙은 노처럼
커다란 흰 날개를 가련하게 질질 끄는구나.

이 날개달린 나그네가 어찌 이리도 어색하고 나약한가!
한때 그토록 멋있던 새가 이제는 참으로 흉하고도 우스꽝스럽구나!
어떤 사람은 담뱃대로 부리를 지지고,
어떤 사람은 절뚝거리면서, 하늘 날던 불구자를

흉내 낸다!

'시인'도 이 구름의 왕자 닮아서
폭풍우 넘나들고 사냥꾼이 손 화살을 비웃건만,
야유로 가득한 속세의 땅에 떨어지면
그 거창한 날개도 길을 걷는 데 걸림돌이 될 뿐이다.

―「**알바트로스**」 전문

박지영: 「알바트로스」가 선생님의 운명과 닮았다고 하시니 제 마음이 짠해집니다. 다시 꼼꼼히 읽어 보아야겠습니다. 그런데 『파리의 우울』에 첫 번째 수록된 「이방인」은 선생님의 자화상 같습니다. 『악의 꽃』의 첫 번째 시 「축도」도 그렇게 느꼈고요. 그것에 대해 말씀해 주시겠어요? 그리고 「이방인」에서 "너는 도대체 무엇을 사랑하느냐"라는 구절이 있는데, 정말 선생님은 무얼 사랑하셨습니까?

보들레르: 『악의 꽃』 표제시인 「축도」와 『파리의 우울』 첫 장의

「이방인」은 제 이야기를 시로 표현한 것 맞습니다. 그래서 맨 앞에 의도적으로 놓았습니다. 「이방인」에서 구름을 사랑한다고 했어요. 저는 이곳이 아닌 다른 곳에서의 삶을 갈망했습니다. 이상적인 삶에 대한 생각을 많이 했습니다. 어디에도 뿌리 내릴 곳이 없는 저는 이방인 같았습니다. 구름은 지상의 무거움으로부터 달아나고 싶은 나를 꿈꾸게 하는 소중한 대상이었습니다.

「스프와 구름」에 대해 여성을 비하한다고 말하는데 그게 아닙니다. 그냥 그 문장을 그대로 읽어 주셨으면 합니다. 공기 중에 안개 같은 수증기가 피어오르고, 하늘에는 구름이 둥둥 떠 있습니다. 구름이 만들어 내는 것을 움직이는 건축물처럼 여기며 몽상에 빠져 바라보았습니다. 그 구름은 마치 애인의 눈, 초록 눈을 가진 귀여운 요물처럼 매력적이었습니다. 그때 마침 여자 친구가 나에게 스프를 끓여 주는데 부엌에서도 김이 올라오고 있었지요. 구름수프를 떠올리며 구름과 수프를 연결해 보았습니다. "구름장수 바보 영감 같으니라고, 어서 그 수프나 먹지 못하겠어요?" 이 말처럼 그 상황 그대로 받아들이세요. 심각하게 의미를 부여하지 마세요. 저는 지상에 갇힌 존재라는 인식이 강했습니다. 하늘에 수를 놓듯 구름은 정말 아름다웠습니다. 고통스러운 상황에서 벗어나고 싶었던 열망에 구름을 사랑했던 것 같습니다. 구름이 만들어 내는 신비한 모양은 얼마나 매력적입니까?

박지영: 아! 구름의 신비를 좋아하셨군요. 저도 구름을 좋아해 구름에 관한 시를 썼습니다. 선생님은 양아버지를 싫어하셨잖아요. 그런데 오픽 장군 가문 묘지에 선생님의 묘가 있다는 것을 알고 계십니까?

보들레르: 거기에 대해서는 말하고 싶지 않습니다. 어머니는 정말 저를 잘 모르시는 것 같습니다. 저는 다른 사람들과 달랐습니다. 그러나 아무도 그 사실을 인정하지 않았습니다. "저는 다른 사람들과는 사람됨이 달라요. (…) 제가 어디로 가고 싶은지, 무엇을 하고 싶어 하는지를, 또 제가 어떤 것을 참을 수 있는지를 알 수 있겠어요."라고 1844년 여름, 어머니에게 여러 번 편

지로 말씀드렸지만 어머니는 저를 이해하지 못하셨습니다. 어머니는 착하고 아름다운 분이셨고, 저를 사랑해 주셨지만, 어머니는 저를 위하는 것이 무엇인지 정확히 알지 못하셨습니다.

가족들이 저를 금치산자로 법원에 청원서를 제출하는 바람에 저는 미성년자로 전락해 버렸습니다. 저는 제 재산을 마음대로 쓸 수가 없었습니다. 법정 후견인이라니요. 저의 인생을 파멸시켰고 저의 인생을 시들게 했으며 저의 모든 사고를 증오와 절망의 빛으로 물들인 무서운 과오였습니다. 분노와 모욕감은 누그러들지 않았습니다. 이때 상한 마음은 죽는 날까지 저를 괴롭혔습니다. 저를 사랑한 어머니였지만 어머니는 저를 불행하게 만든 장본인이었습니다. 어머니의 맹목은 악보다 더 큰 재앙이었습니다. 저는 자존감을 회복할 수가 없었습니다. 이때부터 제 운명은 저주받은 시인이 되어갔습니다. 의도적으로 사회의 모든 끈을 끊어버리고 옳건 그르건 사회의 관습과 명령을 받아들이지 않는 선택을 하게 되었습니다. 결과적으로 제 삶은 궁핍과 고난으로 이어졌습니다. 양아버지 오픽 장군과 저는 세상을 바라보는 시선 자체가 달랐습니다.

박지영: 지금도 분노와 모욕감이 가시지 않으셨군요.

보들레르: 사회에서 금치산자로 살아 보십시오. 버림받은 존재이고 이방인이었으니 자기비하적인 발언이 쏟아져 나올 수밖에 없었습니다. 이 세상 밖이면 다 행복할 것 같았으니까요. 그 말은 곧 죽음을 의미하는 것입니다. 사실 죽고 싶을 때가 많았습니다. 그런데 시집을 발간하지 못해서 죽음에 대한 생각을 억눌렀습니다.

박지영: 시집에 대한 애착과 열정은 정말 대단하셨군요. 선생님의 작품을 읽으면 광장이 아닌 외딴 길, 외로운 구석이나 은밀한 공간, 고독한 방 같은 후미진 장소를 떠올리게 됩니다. 그리고 사회의 약자, 늙은 노파, 낙오자들에게 자애의 시선을 보낸 것인지 관심이나 호기심인지 애정인지 몹시 궁금해서 여쭈어 봅니다. 또한 시를 살펴보면 우아한 어휘나 완곡한 표현법보다는 불행한 현실에 걸맞은 직접적인 표현이 두드러졌

습니다.

보들레르: 군중들의 삶에 눈이 갔습니다. 거리의 산책자로서 인간의 고통 속에서 독특한 색채와 우울을 관찰하게 되었지요. 어디서도 찾을 수 없는 존재의 깊은 고독, 비참한 삶을 사는 존재들의 욕망과 애환을 표출하려고 했습니다. 선과 악, 사랑과 미움, 도덕과 부도덕의 대비 속에서 여러 복합적인 감정이 섞여 있다고 봐야겠지요. 소외된 자들을 시 속으로 끌어오기 위해 면밀히 관찰자의 시선으로 바라보았습니다. 내가 살아가는 세상을 다른 시선으로 바라보게 된 겁니다.

시인으로서 언어에는 민감할 수밖에 없지요. 시와 상황에 맞는 언어를 찾으려고 무척 고심했습니다.

7. 보들레르에게 잔느 뒤발을 묻다

박지영: 네, 말씀 잘 들었습니다. 다음 질문은 선생님의 사생활에 관한 질문입니다. 선생님께서 사랑했던 여인들이 많았죠. 모든 분에 대해 여쭙는 것은 어렵지만, 잔느 뒤발에 대해 관심이 갑니다. 선생님의 시를 연구

하는 학자와 많은 독자들도 잔느에 대해 여러 궁금증을 가지고 있습니다. 「흡혈귀」에서 "쇠사슬에 얽매인 노예처럼/노름판을 못 떠나는 노름꾼처럼/술병을 못 놓는 주정뱅이처럼" 이런 표현은 잔느와의 관계를 묘사한 부분이라고 보고 있습니다. 선생님께서 잔느 시편을 스물두 편이나 쓰셨습니다. 그녀를 향한 감정을 여쭤봅니다.

보들레르: 그녀는 내게 유일한 소일거리이자 유일한 즐거움이었습니다. 또한 어머니께 보낸 편지에는 그녀를 유일한 친구라고 적었던 기억이 납니다. 어떻게 생각할지 모르지만, 그녀는 나에게 특별한 존재였습니다. 그녀는 인도양 여행에서 느꼈던 이국적인 향수를 불러일으켰고, 먼 미지의 세계에 대한 향수를 자극하며 풍성한 몽상의 원천이 되었습니다. 그녀는 어머니와는 정반대의 성격을 가지고 있었지만, 나는 그녀에게서 어머니와 누이, 그리고 딸의 모든 감정을 느낄 수 있었습니다.

그녀를 통해 저는 인생의 기쁨의 절정과 슬픔의 밑바

닥을 경험했습니다. 우리는 몇 차례 헤어졌다 다시 만나고 했습니다. 그녀 없이는 아무것도 할 수 없었고, 그녀와 함께할 때 비로소 안정을 찾았습니다. 그러나 남녀관계가 사랑뿐만 아니라 다양한 감정으로 이루어지듯이, 저는 그녀에게서 어머니와 딸에 대한 양가적인 감정을 느꼈고, 인간애와 연민도 함께 느꼈습니다. 그녀가 중풍에 걸려 불구가 되었을 때는 사랑하는 딸처럼 그녀를 돌보려 했습니다. 그게 사랑인지 잘 모르겠습니다. 사랑과 미움, 증오, 멸시, 질투 등 다양한 복합적인 감정이 얽혀 있었습니다. 지금 생각해 보면, 나는 누군가를 책임질 수 있는 강한 남자는 아니었던 것 같습니다. 저는 제 자신도 감당하기 힘든 감정의 기복이 심하고 연약한 사람이었으니까요. 그래서 저는 의도적으로 시에서 그녀를 잔인하고 냉정하며 수수께끼 같은 신비로운 존재로 그렸습니다.

박지영 : 그렇게 다양한 감정을 가지고 있으셨군요. 연민의 감정을 많이 느끼셨다니, 그게 진정한 사랑의 감정 아

닌가요? "빛이며 색깔인 그대 덕분에 치유된 내 영혼"이라는 구절도 있던데요. 정말 복잡한 감정을 느끼셨던 것 같네요. 선생님, 『파리의 우울』을 읽다 보니 "무한한 하늘이 나를 아연 질색하게 하고 그 청명함이 나를 성나게 한다."는 구절이 인상적이었습니다. 왜 청명한 날씨에 화가 나셨나요?

보들레르: 저는 빈곤 속에서도 글쓰기를 중단하지 않았습니다. 창작만이 나의 유일한 생산이었습니다. 글쓰기는 저만의 내적인 질서를 가지고 있었습니다. 편안함에 대한 거부였고, 완벽을 향한 집착이었습니다. 파리 산책이나 저녁 외출로 오후 시간을 보낼 때는 미완의 원고들을 보며 자책하고 회한에 잠기기도 했습니다. 변모하는 파리의 모습을 보며 옛것이 사라지는 것을 느끼면 우울해졌습니다. 저는 옛것에 대한 애착이 강했습니다.

저는 실망만 주는 현실에서 몽상의 상태를 유지하려고 애썼습니다. 몽상은 신성하고 신비하며 인간은 꿈에 의해서만 자신에 속해 있는 겁니다. 이때 보이지 않는 어두운 세계와 소통할 수 있습니다. 그러나 청명한 날은 구름 한 점 없습니다. 너무 투명해서 몽상의 세계에 머물러 있을 수 없게 저를 일깨우기 때문입니다. 제 과오도 너무 잘 보이거든요. 허허, 별걸 다 물어 보시네요.

8. 탈낭만주의적 낭만주의에 대한 단상

박지영 : 사실은 제가 젊은 날 화장한 봄날을 무척 싫어했습니다. 그래서 여쭤보았습니다. 후대 사람들이 선생님의 작품에 대해 선생님이 모색한 것은 제어된 낭만주의이며, 과도한 감정의 분출에서 벗어난 탈낭만주의적 낭만주의라고도 말하고 상징주의라고도 합니다만, 어떻게 생각하십니까?

보들레르: 저는 상징주의나 낭만주의 같은 이론에는 관심이 없어요. 전 단지 새로운 길을 가려고 애썼을 뿐입니다. "수평선에서 가늘게 떨고 있는 하나의 돛"(「예술가의 고해기도」), 그것은 보일 듯 말 듯 작지만 고집스럽게 버티면서 흔들리고 있는 나의 존재와 유사합니다. 이

런 표현이 낭만주의적이고, 감정을 절제하며 인간의 깊은 고통과 맞물려 있어 그렇게 말했나 봅니다.

저는 앎다움을 추구하면서 형식적인 기교와 멋을 추구하는 것을 벗어나고 싶었습니다. 남들이 쓰지 않은 새로운 시를 쓰려고 남이 가지 않은 길로 들어선 것입니다.

박지영: 선생님, 얼마 전 『콜레트』라는 영화를 보았습니다. 사도니 가브리엘 콜레트라는 여성 소설가의 이야기입니다. 영화 속 배경이 당시의 프랑스 파리를 보여 주더군요. 파리의 살롱 문화와 남성들의 여성관을 알게 되었습니다. 당시 문화를 이해하는 데 도움이 되었습니다.

보들레르: 그랬군요. 다행입니다. 파리는 그 시기에 옛것을 고수하기보다 많은 변화를 겪었을 것입니다. 허, 여성이 사회활동을 하는 시대가 되었군요.

박지영: 뮤슈 보들레르! 놀라지 마십시오. 아주 슬픈 소식을 전합니다. 노트르담 대성당이 불에 탔답니다. 보수공사 중에 난 불에 지붕과 탑이 소실되었답니다.

보들레르: 아니, 어떻게 그런 일이 생겼습니까? 안타깝습니다. 제가 사랑했던 파리의 한 기억이 사라졌군요. 슬프고 안타깝습니다. 제 영혼에 잔잔한 파문을 일으키는 소식입니다.

박지영: 저도 뭐라 말 할 수 없이 슬프네요. 저도 대성당이 불타기 전에 보아서 다행이라 생각합니다. 선생님의 "옛날의 파리는 흔적이 없네/아! 도시의 형태는/인간의 마음보다 더 빨리 변하는구나"라는 구절이 떠오릅니다. 이 세상에 태어난 것은 언젠가는 사라지는구나 하는 생각이 듭니다. 그래서 여쭈어 봅니다. 이 질문은 제 개인적인 질문입니다. 선생님이 계신 곳은 어떠신가요? 저도 가끔 고통스러울 때 세상 밖은 어떤가 하고 떠올려봅니다.

보들레르: 정말 별 걸 다 물어 보시는군요. 그건 저 세상 밖의 법이라서 말씀드릴 수 없습니다. 다음에 오시면 알게 될 것입니다.

박지영: 하하하, 그렇군요. 이번 대담을 통해 선생님의 시집 『악의 꽃』을 깊이 있게 들여다볼 수 있었습니다. 평소

19세기 프랑스 시인들 중 가장 위대한 시인이자 거리의 산책자로 고독과 우울의 시인이라고 피상적으로 알고 있었습니다. 선생님과 말씀을 나누면서, 문학을 위해 태어난 분이라는 생각이 들었습니다. 시 이외의 것에 기대지 않고, 시의 음악성과 순수성을 위해 언어를 연마하신 것 같습니다. 선생님의 시와 산문시는 21세기 현재 읽어도 여전히 신선합니다. 좋은 작품은 시대를 초월하나 봅니다.

보들레르: 과찬이십니다. 허허.

박지영 : 그 당시 선생님은 이미 앞서가셨기에 사회와 대중은 선생님의 작품을 이해하지 못했을 것입니다. 글쓰기 방식에 혁신을 일으키고 시의 역사에 전환점을 마련하신 선생님을 만나서 기쁩니다. 2024년 12월에 노트르담 대성당이 복원 작업을 마쳤다고 합니다. 예전 성당의 웅장하고 가라앉은 분위기가 산뜻하고 밝아졌다고 하네요. 선생님, 긴 시간 두서없는 질문에 응해 주셔서 감사드립니다.

보들레르: 저를 찾아 주셔서 감사합니다.

1부

문학 없이 살 수 없었던 이들

보들레르의 여인들

>그대 추억은 내 가슴에 성체 함처럼 빛난다.
>- 보들레르, 「저녁의 조화」에서

보들레르에게는 여러 가지 수식어가 붙는다. 천재 시인, 미를 추구하는 시인, 고통과 병에 시달리며 악의 세계를 아름다운 예술로 승화시킨 연금술사. 하지만 보들레르를 이야기할 때 절대 빼놓을 수 없는 것이 여인들이다. 그는 여성을 통해 달콤한 이상 세계를 꿈꾸었고, 동시에 지옥과 같은 절망의 세계에 빠져 처참하고 지루한 삶을 살았다. 아이러니하게도 그렇게 사랑을 갈망하면서도 여성을 바라보는 그의 시선과 자세는 결코 곱지 않았다.

여인은 댄디와 반대이다.

따라서 여인은 혐오감을 갖게 한다.

……

따라서 혐오스럽다.

그러니까 여인은 항상 천박하다.

-「마음을 털어놓고」에서

보들레르의 여성에 대한 멸시와 혐오는 대단했다. 그는 여성은 본능적인 욕망만 지니고 천박하며 정신성이 결여된 존재로 간주했다. 항상 거울 앞에서 자신을 다듬으며 숭고함을 추구하는 댄디와는 정반대의 인식을 가지고 있었다. 보들레르는 여성을 정신적인 대상으로 보지 않고, 자연의 일부로서 물질적인 질서에 속하는 존재로 보았다. 그럼에도 불구하고, 보들레르에게 미적 창조의 원천은 여인들이었다. 그의 작품 『악의 꽃』의 핵심을 이루는 미는 여성을 통한 사랑의 추구에 있다고 해도 과언이 아니다.

『악의 꽃』은 여섯 개의 부로 구성되어 있으며, 우울과 이상, 파리의 풍경, 술, 악의 꽃, 반항, 그리고 죽음으로 나눌 수 있다. 이 작품에서는 잔느 뒤발, 마리 도브렁, 그리고 사바티에 부인이라는 세 명의 여인이 등장한다.

가장 많이 등장하는 여인은 잔느 뒤발이다. 잔느에 대해서는 22편의 시를 썼다. 잔느 뒤발의 본명은 잔느 레메(Jeanne Lemer)였으나 빚쟁이들을 피하기 위해 이름을 바꿨다고 한다. 그녀는 식민지 태생의 갈색 혼혈로 매혹적이면서도 관능적이었다. 거짓말쟁이로 방랑벽과 낭비도 심한데다 무지하고 알코올 중독증도 지니고 있었다.

보들레르는 "아름다운 그 눈은 어여쁜 광석"이라며 영원히 변치 않는 아름다운 광석이라고 그녀의 눈을 매혹적으로 표현하기도 했으며, "네 금속과 마노가 뒤섞인 아리따운 눈 속에 내가 잠기게 해 주려무나"(「고양이」)라며 잔느에게 애정을 갈구하기도 했다.

오 머리카락이여, 목덜미까지 치렁거리는 물결!
오 곱슬머리여! 오 게으름 풍기는 향기여!
……

하염없는 아시아와 타오르는 아프리카.
거의 죽어 없어진 머나먼 하나의 세계 고스란히
그대 속에 깊이 살아 있다.

―「머리카락」에서

 잔느의 머리카락에서 '게으름 풍기는 향기'를 맡음으로 보들레르에게 아시아와 아프리카, 열대 나라를 떠오르게 하는 자극제가 되었다. 잔느는 보들레르가 인도양을 항해할 때 보았던 이국적인 풍경과 추억에 대한 향수를 불러일으키는 단순한 감각뿐 아니라 시인의 영혼을 위로 해 주는 대상이었다.

 무거운 납덩어리 같은 짐이었던 잔느지만 보들레르가 "낮고 무거운 하늘이 솥뚜껑처럼" 짓누르는 고통 속에 있을 때 위안과 휴식을 얻을 수 있는 존재였다. 잔느는 고전적인 미를 가진 여인이 아니고 매혹적이고 도발적인 여성이었다. 현대적인 것을 추구하는 보들레르에게 상상력을 무한하게 발산시켜주는 미적 요소를 가지고 있었다.

 그가 그토록 잔느에게 집착한 이유가 무엇일까? 보들레르의 산문에는 이런 구절이 있다. "왜 재능 있는 남자들은 사교계의 여성들보다 창녀들을 좋아하는가. 그들은 다 같이 어리석건만? 알아봐야 할 일이다." 보들레르 자신도 왜 잔느에게 끌리는지 자신의 마음을 알지 못했다. 잔느는 보들레르를 괴롭히고 무척 속을 썩게 한 여인이지만 그는 '검은 비너스'라며 잔느의 신비로운 매력을 찬미했다. 그녀와의 관계를 끝내려고 몇 번을 시도했지만 결국 떠나지 못했다. 그는 경제적으로 궁색해졌고, 자신의 몸도 만신창이가 되어 아픈 가운데서도 중풍으로 몸을 가누지 못하는 그녀를 끝까지 돌봐 주었다. 이 둘은 끔찍하고 끈질긴 숙명적인 관계였다.

잔느와 헤어지려 할 때 만난 여인이 마리 도브렁이다. 마리는 지상의 따스함과 평화스러움의 상징으로 보았다. 잔느가 지하의 여인이라면 사비티에 부인은 천상의 여인이었고 마리는 중간에 위치하는 지상의 여인으로 온건하고 중용적인 여인이었다.

마리의 시편으로 9편이 있다. 「여행에의 초대」, 「가을의 노래 2」, 「흐린 하늘」 등이 있다. "애인이여 누이여 빛나는 가을날의/저무는 해에 잠시 따사로움이 되어다오."(「가을의 노래 2」)

라며 다소 온건하게 표현하고 있다.

> 그대의 눈에는 아지랑이가 어른거리는 듯하다.
> 신비로운 그대의 눈은 (그것은 푸른빛일까, 잿빛일까 또는 초록빛일까?)
> 때로는 정답고 때로는 꿈꾸는 듯, 또 때로는 매정하여 무심하고 파리한 하늘을 비추고 있다
>
> — 「흐린 하늘」에서

아름답고 발랄한 여인 마리는 극단의 배우였다. 특히 그녀의 눈이 요염했다. 보는 각도에 따라 눈의 색이 달리 보였다고 한다. 보들레르는 잔느가 잡아끄는 악의 세계에서 벗어나기 위해 마리에게 사랑을 고백했으나 마리는 이미 테오도르 방빌에게 마음이 기울어 보들레르에게 차갑게 굴었다. 보들레르는 사랑의 쓴 잔을 마시게 되었다.

이 시기에 정신적인 사랑을 찾게 된다. 보들레르가 성모 마리아와 같은 존재이자 어머니와 같은 경외심으로 바라본 여인이 바로 사바티에 부인이다. 이는 잔느에게서 느끼지 못했던

감정이었다. 보들레르는 이상적인 사랑을 그녀에게 갈구했으며, 직접 만나지 않고 자신의 정체를 숨긴 채 익명으로 편지를 보냈다. 그녀의 집은 많은 예술가와 작가들이 드나드는 사교계의 살롱이었다. 당시 그녀는 사교계의 여왕으로 불렸으며, 천사와 같은 품위를 지닌 우아하고 아름다운 여인이었다. 클레쟁제라는 조각가에 의해 그녀를 모델로 한 전신 나상인 「뱀에 물린 여인」이 제작되기도 했다. 현재 이 작품은 루브르 박물관에 소장되어 있다. 그녀는 아름답고 몸집도 풍만하며 성품이 활발하고 명랑하여, 살롱에는 당대의 문호들(고티에, 뮈세, 플로베르 등)의 발길이 끊이지 않았다. 보들레르는 그곳에서 그녀를 보고 사랑을 느꼈다. 사바티에 부인에 관한 시가 『악의 꽃』에 「공덕」, 「고백」, 「영혼의 새벽」, 「저녁의 조화」 등 10여 편 실려 있다.

그는 그녀를 자신의 이상형으로 정신적인 사랑을 꿈꾸며 남들에게 알려지지 않는 은밀한 사랑이 되길 바랐다. "아직도 꿈꾸며 괴로워하고 있는 사나이 앞에/심연의 매력으로 펼쳐지며 잠긴다/이처럼 사랑하는 여신이여, 순수하고 투명한 존재여"(「영혼의 새벽」)라며 그녀를 향해 이상적인 사랑을 노래했다.

사바티에 부인이 그의 이상형으로 자리 잡았지만, 예술적인 창조성에서는 잔느에 비해 큰 영향을 미치지 못했다. 그녀는 짝사랑의 편지를 보내는 익명의 시인이 누구인지 직감적으로 알아챘다. 짐짓 모르는 척했지만, 속으로는 이루 말할 수 없는 기쁨과 행복을 느꼈다. 그런데 보들레르가 자신임을 밝히자 그녀는 "나는 지상에서 가장 행복한 여자이며, 내가 당신을 사랑한다는 걸…"이라고 답장을 보냈다. 보들레르가 '수호천사'이자 '천상의 여인'으로 떠받들던 그녀가 이제는 단순한 여자로 다가온 것이었다. 사바티에 부인은 보들레르가 자신을 오랫동안 사랑해 온 것에 감동하여 자신을 그에게 바치겠다고 했다.

"나는 수호천사, 시의 여신, 그리고 성모"와 같은 '천상의 여인'이었으며, 고통과 고뇌 속의 그녀는 자신을 구원해 줄 신의 존재와 같은 여인으로 보았건만, 그녀도 한낱 평범한 여자에 지나지 않았다. 보들레르의 정신적인 사랑에 금이 갔다. 보들레르는 그녀에게 "며칠 전까지만 해도 당신은 하나의 신성한 존재였습니다… 그런데 이제 당신은 여자일 따름이군요."라는 서신을 보내었다. 그는 그만 실망과 환멸을 느껴 그녀의 사랑을 받아들이지 않고 돌아섰다.

보들레르는 어느 여인에게도 참된 사랑을 받지 못했다. 그의 고독과 공허함을 어느 여인도 메꿔 주지 못했다. 보들레르는 어린 시절에 어머니의 재혼으로 어머니의 사랑을 잃었는데 그 사랑은 성인이 되어서도 끝내 채워지지 않았다. 도리어 상처만 덧입혀졌을 뿐이다. 더 이상 갈 곳 없는 극단에서 예술작품이 탄생한 것이다. 보들레르 작품 전반에는 결핍에서 오는 우울증적 요소가 베이스로 깔려 있다. 아마도 사랑의 부재에서 비롯된 듯하다.

그러나 그는 독특한 매력을 지닌 여성들과의 만남을 통해 시의 영감을 얻었다. 그녀들을 통해 보들레르는 인간의 양면성을 적나라하게 드러냈다. 세상을 전혀 다른 시선으로 관찰하며 글쓰기의 혁명을 일으켰다. 독창적인 표현 방식과 날카로운 판단력을 시에 쏟았다. 외설적이라는 비난도 있었지만, 그들 덕분에 보들레르는 자신의 예술에 영감을 불어넣어 인공낙원을 창조하게 되었다.

삶의 본질과 진실에 다가가는 시인

- 박소유 시인론

> 이 파리한 달의 눈물 손바닥에 옴팍 받아
> 오팔 조각처럼 무지개 빛 아롱진 이 눈물을
> 태양의 눈에 못 미치는 먼 곳 가슴 속에 간직한다.
> -보들레르, 「달의 슬픔」에서

  우리는 누군가를 잘 알고 있다 해도 돌아서서 가만히 생각하면 그 사람에 대해 알고 있는 것이 별로 없다. 예전에 내가 좋아하던 사람을 보고 돌아와 그의 얼굴을 떠올리면 명확하게 떠오르지 않았다. 안개 속에 있는 것처럼 흐릿했다. 그 다음에도 그랬다. 아주 당혹스러웠다. 한참 후 내 감정이 수그러들고 난 후에야 그 사람이 잘 보였다. 감정이 앞서면 사람이든 사물이든 정확히 볼 수 없었다.

  내가 아는 시인 박소유. 그녀를 오래 보아 온 시간에 비해 아는 것이 없다. 그녀는 문단에서 나보다 4년 선배이고, 인생에 있어서는 내가 4년 선배다. 같은 길을 가는 사이. 가끔 지면에서 작품을 보면 서로 안부를 전하는 사이. 삭막한 문단에서 서로에게 조금은 위안과 위로가 되고 싶은 사이. 그냥 보면 좋은 사이다.

그녀는 밝고 넓은 품을 가지고 있다. 그렇다고 앞으로 나서지도 않는다. 조용히 뒤에서 남을 배려하고 지켜본다. 여성스러움으로 포장하지도 않는다. 감정을 절제하며 늘 검정과 흰색 계통의 무채색의 옷을 즐겨 입는다. 아마도 그녀가 믿는 가톨릭의 영향과 본인 개인의 취향일 것이다. 종교는 인간을 억압하는 기제가 가장 강하니까. 그렇지만 그 모노톤의 색은 그녀를 세련된 멋쟁이로 돋보이게 한다.

그녀는 별 말이 없다. 사람들과의 대화의 자리에서도 가만히 듣고 있다가 정곡을 찌르는 화법보다 옆으로 에둘러 말한다. 툭 던지는 농담이 진담처럼 들리는 말에 우리는 긴장을 해제하고 까르르 웃는다. 그러나 정작 그녀만은 긴장을 풀지 않는다. "생은 도무지 속내를 보여 주지 않"듯이 그녀도 속내를 잘 내 보이지 않는다. 그래 정작 남은 웃고 자신은 미소만 짓고 있다.

박소유 시인은 한동안 대학에서 학생을 가르치고 있었다. 수년 전 그녀는 강의를 그만두었다. '왜 강의를 그만두었어요?' 물으니 그녀가 다른 말은 하지 않고 '학생들에게 사기만 치고 거짓말만 늘어서요'라고 했다. 그 말이 그렇게 진솔하게 들렸다. 나도 종종 강의를 할 때면 그런 생각을 했기에 '나는 맞아요. 그렇죠.'라고 응수했다. 그렇게 그녀는 어떤 상황을 한 마디로 말해 버린다. 그 한 마디에 나와 그녀 사이의 벽이 허물어졌다. 그 말이 모든 것을 설명하고도 남았다.

그녀가 백미혜 화가와 함께 2016년 12월에 〈thing+기억〉이라는 전시회를 CU 갤러리에서 개최한 적이 있다. 다양한 기억을 상기시킬 사물을 내어놓았다. 그녀가 가지고 있는 일상의 오브제와 화가의 작품을 결합한 전시회였다. 박소유 시인의 내면 공간 속에 머물러 있던 오래된 물건들이 내뿜는 여운이 전시장을 채우고 있었다. 결혼 할 당시 어머니가 시집가는 그녀에게 만들어 주었다는 누비이불과 골동품 같은 문갑, 돈궤, 반닫이, 거실 한 구석에 있음직한 스탠드였다. 그녀가 화사한 색상에 끌려 샀다는 플라스틱 백들. 그녀의 지난 세월이 스며든 사물들이었다.

　난 그 전시회를 보고 속으로 놀랐다. 모던해 보이는 그녀가 오래된 물건에 애착을 가지고 있어서다. 누비이불은 헤져서 꿰매고 덧댄 흔적이 보였으나 정갈했다. 그녀의 어머니도 그 이불을 보고 "네가 이때껏 가지고 있을 줄은 몰랐다"고 했단다. 전시된 사물들은 번듯하고 반짝거려 타인의 이목을 끄는 물건들이 아니라 그녀 자신에게 소중하고 의미 있는 물건이었다. 오래된 물건은 시간의 그림자를 거느리고 아득한 시간으로 거슬러 올라가게 했다. 그녀의 사물들은 보여 주는 것을 넘어 내면의 눈을 뜨게 하는 힘을 가지고 있었다.

　그녀는 사람들이 보지 못하는 본질과 진실을 바라보려 했다. 그러면서 그녀는 자신과 사물을 동일시하기보다 자기 자신마저도 타자의 시선으로 보고 있었다. 아마도 이런 시선이 그녀의 시 쓰기에도 그대로 적용된 것 아닌가 싶다. 그녀의 눈이 머문 곳은 우리가 현실에서 불편해 외면하고 싶은 곳 "그저 스쳐가는 슬픔인 줄 알았던"(「오 어쩌면 좋아」) 그런 것에 가닿아 있다. 그녀는 성당에서 주관하는 〈성 루도비꼬 집〉에서 봉사활동을 하며 옆을 둘러보고 타인의 고통을 예사로 넘기지 않았던 것이다.

    이 글을 쓰는데 저녁 식사를 끝내고 부엌 창으로 보이는 하늘이 온통 붉었다. 붉고 노랗고 푸른색의 조화는 좀처럼 보기 힘든 노을빛이었다. 나는 하던 일을 두고 창밖을 한 동안 내다보았다. 그때 왜 나는 생텍쥐페리의 어린왕자가 떠오르던지? 슬플 때면 해지는 것을 오래 바라보았다는 어린왕자. 어느 날은 해지는 풍경을 의자를 돌려가며 예순 세 번이나 보았다고 했다. 어린왕자의 외로움과 쓸쓸함이 박소유 시인의 시집 『어두워서 좋은 지금』과 겹쳐졌다. "눈시울만 붉게 번지다 쓸쓸하게 어두워질 테니"라고 하듯, 그녀의 시에는 어둠에 대한 사유가 많아 어둠의 그늘이 습자지에 스며들듯 묻어났다.

    시를 쓴다는 것은 깜깜한 어둠 속을 더듬는 것이며 사물을 불러내 이름을 하나씩 부르며 생명을 주는 것이라고 그녀가 말했다. 그렇듯 그녀는 집안의 물건을 전시회장으로 가지고 나와 생명을 불어넣어 주었고 시에서도 사물들을 호명하며 그녀 곁으로 불러내었다. 또 어느 인터뷰에서인가 "시는 완성되지 않는다. 완성을 향해 나가는 것뿐이다. 그래서 시는 내게 어떤 것이다. 자꾸 피하고 싶은 것, 시를 모르기 때문에 아직도 어떤 것에 대해 쓰고 있는 것"이라 했다.

　박소유 시인과 차 한 잔을 나누는 것 보다 그녀의 시를 보면 그녀가 더 잘 보일 것 같았다. 그러나 쉽지 않았다. 차 한 잔을 나누는 것이 더 좋았을지 모른다. 그녀의 시도 직접적으로 표현하기보다 은유와 환유로 풀어놓았다고 해야 할까. 그녀를 알려면 정말 시의 행간을 잘 읽어야 한다. 그녀의 내면으로 들어갈 수 있는 시를 찾았다.

　처음 엄마라고 불려졌을 때
　뒤꿈치를 물린 것 같이 섬뜩했다
　말갛고 말랑한 것이 평생 나를 따라온다고 생각하니
　어디든 도망가고 싶었다
　너무 뜨거워서
　이리 들었다 저리 놓았다 어쩔 줄 모르다가
　나도 모르게 들쳐 업었을 거다

　　　　　　　　　　　　　ー「**어두워서 좋은 지금**」 부분

친구들 모여 앉아 밥 먹다가

우리 모두 엄마가 없네, 하는 말에

들고 있던 숟가락 가만히 내려놓는다

엄마 노릇하느라 엄마는 잊고 산 줄 알았는데

한 친구는 그렇게 싫었던 엄마 말투가

자기도 모르게 튀어나와 깜짝 놀랐단다

─「오래 전 얼굴」 부분

  여기 모인 친구들의 어머니가 다 돌아가셨나보다. "우리 모두 엄마가 없네"라는 말은 '나'와 보이지 않는 끈으로 연결되어 있던 엄마가 없으니 이 세상을 "발바닥이 뜨겁도록 혼자 가야" 한다는 의미다. 오래되어 책 제목과 저자는 기억나지 않는다. 독일 어느 여성이 쓴 책이다. 그녀가 한 말이 첫 아이를 낳고 그 아이를 바라보는데 내 아이 같지 않아서 자꾸 내려다보았다. 갑자기 아이가 태어남으로 인해 엄마 이전에 자신이 하고자 했던 일들이 보류되고 포기해야만 하기에 '너 때문에……' 를 한동안 품고 있어서 첫째 아이에게 충분한 사랑을 주지 못해 미안하다는 글이었다. 충분히 공감되었다. 나도 또한 그랬으니까. 박소유 시인이 첫 아이를 낳고 그 아이가 처음 '엄마' 하고 화자를 불렀을 때 "어디든 도망가고 싶었다"는 말은 무의식에 닿아 있는 말이다. 어딜 가나 "잊으려 해도 잊을 수 없는" 엄마. 모든 엄마들이 "엄마"라고 불리면서 "엄마"하고 부르고 싶은 엄마. "엄마"라는 말은 다양한 의미를 품고 있다. 상징적인 의미만으로도 많은 위안이 된다.

그녀는 나중이라는 말, 엄마라는 말, 사랑한다는 말을 끌어안고 울고 웃으며 어둠의 그늘을 벗겨내려 했다. 모든 것을 끌어안으려면 주체의 자아가 희생과 겸손으로 닳고 닳아야만 가능하다. 그녀는 한 남자의 아내이고 아이들의 엄마이자 시인이기에 자아를 완전히 무아 상태로 만들 수는 없다. 그래서인가, 때론 그런 말만 들어도 "남의 것도 내 것 같아서 안절부절 못하고", "양처럼 웃으며 울어야 할 때도" 있지만 "울음은 울음 속에 묻을 수밖에" 없어, 결국 "울음을 견디는 중이다"라는 말을 쏟아 낸다. 결국 "눈물의 양만큼 슬픔을 몰아 낼 수" 밖에 없다. 미소를 머금은 인상 좋은 그녀에게 이렇게 속울음이 많을 줄 몰랐다.

따스함이 많은 그녀. 무엇이 있으면 남들보다 먼저 선뜻 집어 들지 않고 다른 이들이 다 선택하기를 기다리고 남은 것을 챙기는 그녀. 사랑은 눈이 밝고 귀도 밝으며 냄새도 기막히게 알아차려 먼 곳까지 찾아 간다. 사랑, 그 사랑 어디 있지? 사실 사람이 우리를 실망시키지 사랑은 우리를 실망시키지 않는다. 오! 대체 난 그녀에 대해 뭘 말한 거지?

조안과 콜레트

> 내 영혼은……
> 넓게 날개를 펴리라……
> -보들레르, 「안개와 비」에서

 여기 남편의 대리 작가로 살아가는 비슷하면서도 다른 두 여인이 있다. 영화 『더 와이프』의 조안과 『콜레트』의 콜레트다. 조안은 남편의 노벨문학상 수상을 듣고 침대 위에서 남편을 부둥켜안고 펄쩍 펄쩍 뛰면서 "해냈다"며 좋아 어쩔 줄 모른다. 조안은 남편의 시상식에 참가하기 위해 아들과 함께 비행기에 오른다. 여느 부부보다 더 다정하다. 허나 이 부부 사이의 비밀이 서서히 드러난다.

 학창 시절 "생계가 막막해도 써야 합니다. 그렇지 않으면 영혼이 굶주립니다."라며 강의하던 선생의 말에 조안의 눈이 반

짝인다. 그녀는 자석에 이끌리듯 유부남 선생의 소설 강의를 들으며 그에 대한 사랑을 키워 가고 있었다.

어느 날 학교에 초청된 여성 작가는 조안에게 서가에 책을 보라며 "저 책들에서 빳빳한 소리 나죠? 아무도 펼쳐보지 않은 거죠."라고 말했다. 여성 작가로서 사는 길은 저렇게 아무도 거들떠보지 않아 장식용으로 남게 된다며 찬물을 끼얹는 말을 했다. 조안은 촉망받는 작가지망생이었지만 그 말에 자극 받아 작가로서의 길을 포기하고, 선생과 결혼해 그를 유명한 작가로 만드는 일에 전념한다. 그녀가 적극적으로 대필을 주도해 나간다. 조안은 엄마로서 자식들과 시간을 보내는 것보다 방에 들어박혀 하루 7-8시간씩 남편 대신 소설 쓰는 것을 우선시했다.

조안은 자신의 재능으로 남편을 노벨문학상 수상작가의 반열에 올려놓았다. 그녀는 인정 받고 싶은 욕망을 포기하고 남편의 성공에 대리 만족하는 삶을 선택했다. 인정 욕망을 우회했지만 알고 보니 남편은 무능하고 하는 것 없이 나르시시즘에 빠져 있는 사람이었다. 남편은 아내 대신 이름을 얻고 그 명성에 걸맞게 변해 갔다. 자신이 모든 글을 쓴 것처럼 과시하고 위장하며 능숙하게 연기했다. 모든 영광은 남편에게 돌아갔다.

한편, 작가인 아들은 아버지의 평가에 목말라 하며 볼이 부어 툴툴거리고 기자는 남편의 전기를 쓰겠다며 수상식까지 따라와 비밀을 캐내려고 안달이다. 아주 위태로운 상황에서 조안은 말할 듯하더니 침착하게 품위를 유지하며 위기를 넘긴다. 노벨문학상 수상 소감에서 남편은 아내가 있었기에 오늘의 이런 영광의 자리에 설 수 있었다며 영광을 아내에게 돌린다. 조안은 수상 소감에 자신이 거론된 것이 못마땅해 연회장을 박차고 나온다. 조안은 오랜 세월 쌓였던 앙금이 폭발해 남편과 격한 언쟁을 벌인다. 남편이 "그럼, 왜 참고 살았느냐"고 하니 조안은 "나도 모르겠다."고 대답한다.

콜레트 그녀는 재능이 아주 많은 사랑스러운 여자다. 그녀의 글쓰기는 자신의 선택이 아니라 남편에 의해서다. 집안 형편이 어렵게 되자 남편 윌리는 콜레트에게 자신에게 말했던 학창 시절의 경험을 글로 쓰라고 닦달을 한다. 그녀는 남편에게 기쁨을 주기 위해서 글을 쓴다. 『학창 시절의 클로딘』은 콜레트가 썼지만 출판계의 일을 하는 윌리의 이름으로 출판되자마자 베스트셀러가 된다. 그녀의 재능을 알아본 남편은 연달아 후속편을 쓰게 하려고, 그녀를 위한다는 명목으로 도심 외곽에 집을 마련해 준다. 그녀를 방에 가두고 하루 4시간씩 쓰게 한다. 『클로딘』 연작은 성공적이었다. 소설 속의 주인공 클로딘의 캐릭터를 딴 각양각색의 상품이 출시되면서 이들 부부는 파리 사교계의 중심 인물이 된다. 그러나 남편의 사치와 방종, 놀음으로 인해 그 상황은 오래 가지 못하고 이내 경제적 어려움에 처하게 된다.

남편의 바람기를 수시로 눈감아주며 살던 콜레트지는 자신이 쓴 클로딘 전집의 판권을 남편이 몰래 출판업자에게 넘긴 것을 알고 분노한다. 그녀는 "당신은 아무 것도 모르는 날 당신의 욕망을 실현할 도구로 만들었어. 내가 못 벗어날 줄 알았겠지. 하지만 틀렸어. 내가 바로 클로딘이야. 클로딘은 죽었어. 당신이 배신했지." 라며 이혼을 선언한다. 콜레트는 과감하게 자신의 길을 찾아간다. 아마도 지혜로운 어머니와 동성 연인의 조언이 있었기 때문인지도 모른다. "이제 바람둥이 네 남편을 벗어나 네 길을 가라"고 콜레트의 어머니는 이미 한 세기 전에 딸에게 과감하게 말했었다. "참고 살아라. 그 집 귀신이 되라."고 했던 우리나라 어머니들과는 달랐다.

조안은 남편을 향한 연민의 정과 젊은 시절 자신이 선택한 삶에 대한 정당화가 필요했는지도 모른다. 남편이 죽은 후 그녀는 자신의 이름으로 글을 쓰겠지만 과거를 영영 되찾지 못할 것이다. 반면 콜레트는 자신의 소설 속 인물 클로딘처럼 스스로의 삶을 개척해 나갔다. 현실의 콜레트는 영화의 모델인 실존 인물 사도니 가브리엘 콜레트(1873-1954)이다. 그녀는 남편이 팔아넘긴 판권을 재판으로 되찾는다. 남편이 불에 태워 버리라고 비서에게 준 초고 노트를 후에 돌려받아서 판권을 찾을 수 있었다. 남편과 이혼한 뒤 독자적으로 소설을 발표하고 뮤지컬 배우, 안무가, 연극 연출가 등 여러 방면에서 활약했다. 유머 넘치는 사실주의 작가인 그녀는 70여 권의 책을 남겼다.

콜레트와 조안은 재능을 발휘할 기회조차 없던 앞선 시대의 여성을 대표한다. 그 시절 자의식이 강한 여성들이 자아실현을 위해서 글을 쓰더라도 전면에 나설 수 없었다. 재능을 발휘

하지 못하고 스쳐 간 여성들이 얼마나 많았을까? 이 영화에서는 작가의 삶을 반영했지만, 세상에는 다양한 형태로 남편을 위해 헌신하며 남편의 삶에 예속되어 살아가는 경우가 많다. 남편의 성공이 나의 성공이라는 인식을 강요받으면서 말이다. 문학의 세계에도 남녀의 편견이 있다는 것이 씁쓸하다.

조안이나 콜레트 두 여인은 사랑 때문에 그 굴레에 머물러 있었다. 글을 대신 써 주면 당신(남편)이 행복해하니까. 그녀들은 썼다. 정말 조안이 남편의 성공에 대리 만족하며 글을 썼을까? 조안이 남편의 명예를 끝까지 지켜 낸 것은 단지 현실적인 편안함을 누리기 위해서였을까? 난 아니라고 본다.

조안의 "나도 모르겠다"는 말은 그냥 넘겨 버릴 수 없다. 글을 쓰지 않으면 안 되는 글 쓰는 자의 운명을 가진 그녀는 평생 글을 쓰면서 기쁨을 누리며 살았을 것이다. 노벨 문학상 앞에서 흔들렸지만 그녀는 스스로 당당했다. 자신은 "King Maker"라고 하지 않았던가. 겉으로 드러난 것만 볼 때 새로운 자아 찾기에 성공한 콜레트를 높이 평가할지 모른다. 진정한 승자는 누구일까? 여성으로서 이 시대를 살며 자유롭게 글을 쓰고 있는 것이 무엇보다 감사하다.

마광수[2]를 말하다

> 미인도 영광도 이미 옛날의 꿈, 지금은
> 아무도 그대를 알아주는 이 없다!
> -보들레르, 「백조」에서

 마광수에 대한 글이 요즘 간간이 지면에 보인다. 그 전에는 그에 대한 글을 어디서도 볼 수 없었다. 그의 죽음 이후 비로소 사람들은 그의 글에 관심을 보이며 그를 애도하고 있다. 1992년에 『즐거운 사라』가 외설 시비에 휘말리면서 그 문제는 사회 문제로까지 비화 되었다. 금기시 되어 있던 성(性)을 서슴없이 말했다는 이유로 그는 모든 것을 잃었다. 『즐거운 사

---

[2] 마광수는 소설 『즐거운 사라』를 출판한 후에 음란문서 배포 혐의로 구속되었다. 1992년 1심에서 징역 8개월 집행유예 2년을 선고받았다. 대법원에서도 유죄확정판결을 받아 형을 살았다.

라』를 발행한 청하출판사 사장인 장석주 시인도 함께 옥고를 치러야 했다.

이즈음에야 나도 마광수의 글을 정신분석적으로 살펴보면 어떨까 하는 생각에 그의 책 몇 권을 읽어 보았다. 그는 생전에 칠십여 권의 책을 펴냈다. 그가 그렇게 많은 책을 발간한 것은 고통이나 고난에서 벗어나기 위한 것이지만 글쓰기를 즐겼던 것 같다. 그가 그 많은 책을 발간한 것은 글쓰기를 향유하지 않았다면 불가능하다. 마광수는 《현대문학》으로 등단한 시인이다. 처음에는 시와 평론가로 활동하다가 『권태』라는 소설을 《문학사상》에 연재하며 소설가로도 활동했다.

그의 철학서나 에세이, 소설 어떤 책을 펼쳐보더라도 『즐거운 사라』의 작중 인물인 사라의 트라우마에서 벗어나지 못하고 있다. 사라 주변을 맴돌며 사라에 대한 사랑과 변명이 스며들어 있다. 마광수의 글은 어려운 철학 용어나 한자를 사용하지 않고 순수한 우리말로 쉽게 풀어썼다. 그의 책에는 모든 사상을 두루 포괄하고 있었다. 동서양 문학, 역사, 철학, 정신분석 등 인문학적 탐구를 꾸준히 해 왔다. 그렇다고 그의 작품이 깊이가 있다거나 우수하다는 말은 아니다. 제자인 유성호 교수는 마광수의 글은 경험에서 우러나온 글이라기보다 상상이나 환상에서 나온 이미지들의 재생산이며, 솔직성과 상상력을 결합해서 세상을 삐딱하게 바라보기를 시도했다고 말했다.

보들레르는 작가의 삶은 평상시의 인간의 삶이 아니라며 가르침이나 설교를 기반으로 하는 예술을 비난했다. 그렇듯 자유로운 영혼이었던 마광수는 권위와 위선을 싫어했고, 지적 허영심에 물든 것도 싫어했다. 자신의 욕망에 대해서 솔직하고 당당하게 글로 풀어냈다. 마광수의 소설은 거의가 환상에 바탕을 두고 있다. 그가 리얼리스트로서 이러한 세계에 접근하고 있는 것은 아니다. 그는 현실보다도 꿈을 통한 상상적 현실을 표현하려고 했다. 어떤 부분은 장자의 꿈을 보는 것 같고, 어떤 부분은 보카치오의 『데카메론』의 한 부분을 보는 듯하다. 장자나 보카치오 두 사람 모두 환상에 기조를 두고 있다. 마광수의 소설이나 에세이에서도 장자의 나비 꿈의 변주인 「남가일몽」, 「무산지몽」과 유사한 점도 있다.

또 데카메론에서 세상에 있음직한 사건을 작가의 상상으로 만들어 냈듯이 마광수도 그것을 적용했다. 데카메론이 거의

성에 대한 담론이듯 마광수의 시와 소설도 대부분이 성을 핵심 테마로 잡았다. 탐미적 관능을 통해 에로티시즘의 세계와 낭만적 허무를 보여 주고 있다. 퇴폐와 환상을 동반한 관능의 세계에 탐닉하고 있는 자아를 표출한 것이다. 특히나 여성의 긴 손톱에 대한 페티시즘은 유별나다.

소설의 한 부분을 보면 "환상은 사람 스스로가 마음으로 만들어 내는 것입니다. 선생님은 그 순진한 상상력 때문에 잠깐 동안 멋진 로맨스를 즐기신 것이지요. 아마 그동안 무척이나 외로우셨나 봅니다."(『상상 놀이』에서) 그의 소설 기법을 알 수 있는 구절이다.

마광수의 글은 한마디로 환상 속에서 즐기기다. 왜 그가 그렇게 환상에 깊이 빠져 들었는지 의아하다. 환상의 구조를 가장 잘 살펴 볼 수 있는 것이 꿈과 몽상이다. 그는 백일몽을 글 속으로 그대로 가지고 들어 왔다. 무의식적인 욕망을 억압하지 않았던 것이다.

그는 사랑에 대한 소설도 환상에 기대어 썼다. 그가 쓴 모든 글에 조금씩 "사라"의 흔적이 스며들어 있다. 검찰 조사를 받고 26년이 흐른 지금의 시각으로 볼 때 그 소설은 한 작가의 욕망의 한 형태다. 그러나 우리 사회는 작가의 글과 작가를 동일시해서 보았다. 잘못된 독해다. 그의 작품을 보고 그 작가의 심리나 정신적인 문제부터 접근해야 하는데, 작품을 도덕과 윤리의 잣대로 보았다. 작가들의 환상이나 상상력을 발휘해 글을 쓸 때 '현실에서 가능한 것이냐 아니냐.' 하는 문제가 놓여 있다. 소통이냐 불통이냐 하는 문제도 있지만 너무 멀리가면 소통이 불가해 불쾌해지기도 한다. 마광수는 관능적 상상력을 끌고 너무 멀리 갔다.

유럽에서는 마르끼 드 사드와 조르주 바따이유의 에로티즘이 에로티시즘 문학으로 발전하는 기폭제가 되었으며, 가까운 일본에서는 마루야 겐지 소설을 비롯해 근친 상간적인 요소들이 비일비재하다. 거기 비하면 우리 사회는 성에 대해 무지했고 억압하고 있어서 마광수를 받아들이지 못했다. 모든 사람들이 그를 법의 심판대 위에 올려놓고 바라보았다. 그는 외로움과 고독과 싸우다 지쳐 생을 마감했다. 일각에서는 사회적 타살이라고도 한다. 마광수의 시 한 편을 보면 그가 어떤 심성의 소유자인지 조금은 알 수 있다.

"매일 같이 절망에 몸부림치다가/'희망'이라도 생기면/좀 더 나은 삶이 될 수도 있을 것 같아/신문 광고를 보고 '희망통조림'이라는 걸 샀다/그런데 그 통조림을 사가지고 집으로 돌아와/뚜껑을 여는 순간 회색 기체가/순식간에 날아오르더니 재빨리 사라져 버렸다 (…중략…) 나는 곰곰이 생각해 보다가/그 통조림 회사를 소비자 고발센터에/신고하지 않기로 했다/'희망'에 대한 과도한 기대를 가졌던/나 자신을 반성하면서"(「희망통조림」) 의식이 살아 있는 시이다. 그는 우리 사회가 희망통조림이나 만들어 파는 가짜 천국이라고 위선을 희화화했다.

마광수는 개인주의의 중요성을 일깨워 주었고, 자유에 대해 다시 생각해 보게 했다. 사회적 리얼리즘은 특정한 이데올로기에 치우치기에 낭만주의보다 훨씬 더 위험하다고 『인물과 사상』에서 피력하기도 했다. 그는 현실에 적응하지 못해 환상 속으로 숨어들어 갔다. 환상 속에서 현실의 고통을 잊어버리려 했는지도 모른다. 보들레르가 외설적이라는 비난을 받았다가 명예가 회복되었듯 마광수의 명예도 회복되어야 하는 것 아닌가 생각해 본다.

구름을 사랑한 보들레르

> 때로 당신은 안개 자욱한 계절,
> 태양이 비춰주는 저 아름다운 지평선 같다.
> -보들레르, 「흐린 하늘」에서

하늘에 구름이 떠간다. 새털 같은 구름을 한동안 바라보다 구름을 사랑한 프랑스 시인 샤를 보들레르(1821-1867)가 떠올랐다. 그는 누구를 사랑하느냐는 질문에 "나는 구름을 사랑하오…… 흘러가는 구름을……, 저기…… 저기…… 저 찬란한 구름을!"(「이방인」)이라고 했다. 한번은 보들레르의 산문시 「스프와 구름」을 읽다가 창밖의 구름과 조우한 나는 신선한 감흥에 젖었다. 구름은 신의 수증기이고 움직이는 건축물이며, 만질 수 없는 불가사의한 구조물이라는 표현에 무릎을 쳤다.

내 귀여운 미친 애인이 나에게 저녁식사를 대접하고 있었다. 그리고 나는 식당의 열린 창으로, 신의 수증기로 만든 움직이는 건축물을, 만져지지 않는 불가사의한 구조물을 유심히 바라보았다. 그리고 나는 이렇게 생각했다. 이 모든 환영은 거의 내 예쁜 애인의 눈만큼, 초록빛 눈을 가진 미친 요물만큼 아름답군.
그런데 갑자기 나는 주먹으로 등을 한 방 세차게 얻어맞았다. 그리고 나는 쉰 듯한 매력적인 목소리를 들었다. 내 사랑하는 귀여운 애인의 목소리, 그 목소리는 이렇게 말하는 것이었다. - 구름장수 바보 영감 같으니라고. 어서 그 수프나 먹지 못하겠어요?

스프에서 김이 모락모락 피어나고 창밖 하늘의 구름이 부드럽게 피어오르는 광경이 머리를 스쳐 지나간다. 이곳이 아닌 저곳으로의 상승 이미지를 타고 몽상의 세계에 빠져든다. 158년이 지난 지금에도 현대적인 언어 표현과 감각이 여전히 신선하다.

보들레르는 어릴 적부터 사람들 사이에서 고독을 느꼈다.

여섯 살 때 아버지를 여의고, 어머니는 일 년 후 재혼했다. 그 후 보들레르의 삶은 고난과 고통의 연속이었다. 그래서인지 그는 세상을 지옥이라며 「이 세상 밖이라면 어디든지」에서 이 세상을 병원이라고 비유했다. 이 사회는 거대한 병원과도 같아, 누구도 스스로를 구원할 수 없는 곳이며, "낮고 무거운 하늘이 솥뚜껑처럼 짓누를 때"(「우울 4」) 그는 우리에게 갇혀 있다고 느끼며 세상에서 벗어날 수 없다는 우울감에 빠졌다. 절망한 보들레르가 취할 수 있는 유일한 행동은 세상을 직시하며 무수히 형태를 바꾸는 자연의 건축가인 구름을 바라보는 것이었다. 그는 "제 아무리 호화로운 도시도, 제 아무리 웅장한 풍경도, 우연이 구름으로 만들어 내는 풍경의 저 신비로운 매력에는 미치지 못했다."(「여행」) 라고 하며 어떤 도시나 풍경도 구름이 만들어 내는 환상적인 아름다움에는 미치지 못한다며 구름을 찬미했다.

흘러가는 구름을 사랑한 시인은 노인들에게 연민의 눈길을 보내며 인간의 추한 모습에서 오히려 아름다움을 발견했다. 인공적인 것 속에서도 몽상과 미학을 찾아냈다. 보들레르는 소설, 미술 평론, 연극 대본 등 다양한 장르에서 활동했다. 그는 에드거 앨런 포(1809-1849)의 소설도 번역하였다. 1852년 포의 작품을 접한 보들레르는 포의 글이 신선하고 신비로워 호기심이 발동했는데, 그것이 마치 자신을 보는 것 같았다고 회상했다. 그는 절대적이고 영원한 아름다움은 존재하지 않는다며 예술 지상주의를 거부했다. 형식의 절제와 엄격성을 동반하지 않는 감정의 분출을 용납하지 않았는데 포 또한 그랬다. 그는 포의 작품과 문학 정신에 상당한 영향을 받았다.

 보들레르는 진정한 예술가는 어떤 목적을 위해 살아서는 안 된다고 주장하며, 포의 글에서도 같은 의미를 발견했기에 자신의 생각이 옳다는 확신을 가질 수 있었다. 사실 보들레르와 에드거 앨런 포는 생전에 매우 불행했다. 그들은 생전에 작가로서의 인정보다는 사후에 인정받았다. 한 세기가 훌쩍 지난 지금도 여전히 많은 사람들이 그들의 작품의 가치를 높이 평가하고 있다. 보들레르와 포는 후대 작가들에게 많은 영감의 씨앗을 남기고 떠났다. 보들레르의 『악의 꽃』은 '매혹의 꽃'으로 불리게 되었다. 빅토르 위고는 보들레르에게 보내는 서신에서 "예술의 하늘에 뭔가 알 수 없는 무시무시한 광선을 비추었습니다. 당신은 새로운 떨림을 만들어 냈습니다."라며 극찬을 아끼지 않았다.

  그는 미술 비평도 썼다. 색채를 조화로운 멜로디에 비유하며 나름의 체계적인 코드를 가지고 있었다. 평소 그는 오르세 미술관을 자주 방문해 작품을 마음에 새기며 감상하였고, 그 과정에서 작품 간의 차이점을 쉽게 인식하게 되었던 것이라고 한다. 미술에 조예가 깊었던 그의 아버지는 어린 보들레르에게 형태와 선의 아름다움을 감상하는 방법을 가르쳐 주었다. 이러한 영향 때문인지 그는 미술 비평을 쓸 때 작품의 주제보다는 구성, 배치, 빛과 어둠의 분배 등 기술적인 완성도를 강조하였다.

  그는 자연의 색채에 음악적인 가락이 담겨 있다고 보았으며, 그림도 음악처럼 시각적으로 우리 영혼 깊은 곳에 울림을 주고 신비로움을 불러일으키는 작품을 높이 평가하였다. 그는 시뿐만 아니라 회화에서도 흐르는 음악성을 중요시하였다.

  보들레르는 굶주림에 허덕이면서도 글쓰기를 중단하지 않았다. 창작만이 그의 유일한 즐거움이었다. 글쓰기에는 그만의 내적인 질서가 있었으며, 그는 노력과 습작을 소중히 여겼다. 『악의 꽃』이 20년 만에 출판되었듯이, 첫 시편부터 마지막 장의 시편까지 완벽을 기하였다. 수없는 퇴고를 거쳤다. 그는 시집 한 권을 건축물에 비유하며, 각 시가 유기적으로 연결될 수 있도록 세심하게 준비했다.

보들레르를 깊이 살펴보면 한없이 초라하고 연약하며 병약한 시인의 모습이 드러난다. 그가 "끔찍한 시간의 무게"에서 벗어나는 유일한 방법은 예술에 도취되는 것이었다. "예술은 무시무시한 심연을 가리는데 가장 적합하다"는 그의 말이 오래도록 마음에 머문다. 보들레르의 인공낙원은 어딘가에 취하거나 몰두해 있는 상태를 의미한다. 그에게 있어 예술은 인공낙원이었다.

보들레르에게 구름은 어디에도 뿌리 내릴 곳 없는 지상의 답답함과 괴로움으로부터 달아나고 싶은 갈망을 충족시켜주는 대체물이었다. 그는 1867년 46세의 나이로 평소 꿈꾸던 구름 너머 세상 밖으로 영원한 여행을 떠났다.

2부

어떻게 쓰고 말할 것인가

세 개의 의자가 있는 풍경

> 안개 속에 노래하는 종소리 듣고 있노라면
> 머나먼 추억이 느긋이 솟아오르고
> -보들레르, 「금간 종」에서

 5월입니다. 천변의 풀들과 눈을 맞추며 걷고 있는 중, 줄무늬 노랑나비가 팔랑거리며 날아갑니다. 들풀에 잠시 앉았다가 다시 날아오릅니다. 나비를 보니 얼마 전 읽었던 정하나 시인의 시가 떠올랐습니다. 시인의 시를 생각하면 미소가 절로 지어집니다. 시인은 미물인 나비조차 따뜻한 시선으로 바라보며, 나비에게 의자가 되어 주기로 마음먹습니다.

 그는 풀밭에서 나비가 어깨에 내려앉자 동작을 멈추고 가만히 있습니다. 자신이 꽃처럼 보였으리라 생각하고, "나는 꽃이다. 나는 꽃이다"라는 최면을 걸며 스스로를 꽃으로 여기기 시작합니다. 아주 흥미로운 발상의 전환입니다. 나비의 의자가 되어, 나비가 편안히 쉬도록 머리를 비우고 조용히 앉아 있습니다. 움직이면 나비가 날아갈까 두려워 속으로 구구단을 외웁니다. 나비가 잠시 날개를 접고 날아가는 것은 찰나지만, 가만히 있는 사람에게는 그 순간이 무척 길게 느껴집니다. 나비에 대한 사랑과 연민이 없다면, 나비가 날아갈 때까지 가만히 기다려주지 않을 것입니다. 사물을 따뜻한 시선으로 바라보는 시인의 인식이 시의 밑바탕에 깔려 있습니다. 정하나 시인이 구구단을 몇 단까지 외웠을까 궁금해집니다.

박소유 시인도 정하나 시인처럼 의자가 되어 주고 있었습니다. 그녀는 의자를 찾아다녔는데 그만 그가 먼저 '나'에게 앉아 그의 의자가 되었다고 합니다. "의자를 찾아 헤매다 지쳐가면서 내 몸을 둥글게 껴안기 시작한 건 아닌지/그가 나에게 앉는다/먼저 의자를 찾은 것이다//마침내 눈빛만으로 펼쳐지고 접히는 세상에서/가장 편안한 의자가 되는 순간, 처음 앉아 보았다/나는 이동 경로를 들킨 새처럼 단순해졌다"(「의자가 놓여 있는 곳」) 시인은 새가 앉을 자리를 찾아 헤매듯이 자신에게 맞는 의자를 찾아 다녔다고 합니다. 그러나 화자가 찾아 나선 의자는 잠시 앉았다 가는 의자가 아니라 평생 앉을 의자를 찾았던 겁니다. 그러니 얼마나 골라 다녔을까요. 의자를 찾아 나선 그녀가 편편해지고 둥글어지니 그녀보다 먼저 그가 그녀를 발견하고 앉았습니다. 그녀는 그의 의자가 되어 그를 받아들이고 길들여져 그에게 맞는 의자가 되었다는 것입니다. 그녀도 이제 그의 의자에 앉아 보니 가장 편안한 의자가 바로 그의 의자라는 것을 깨닫게 된 것입니다.

저는 그동안 의자가 나무인지 철제인지 가죽인지 무심히 지나쳤습니다. 그냥 잠시 앉았다 일어나니 별 관심이 없었습니다. 그런데 언제부터인지 의자가 눈에 들어왔습니다. 이제는 잠시 앉을 요량이면 의자부터 살펴보게 되었습니다. 내 몸은 등받이가 편한 의자를 찾아갑니다. 책상의자를 고를 때도 한참 앉아 보고 결정을 했습니다. 세상엔 다양한 많은 의자가 있다는 것을 알았고, 세상 만물들도 의자가 필요하다는 사실을 알았습니다. 꽃도 열매도 다 의자에 앉아 있다는 생각을 하게 되었습니다. 세상에 존재하는 것들에는 몸과 마음을 기댈 자신의 의자를 필요로 한다는 사실에 고개가 끄덕여졌습니다.

우리는 하루에 7-8시간 이상을 의자에 앉아 생활합니다. 아침에 눈뜨면서부터 아무 생각 없이 앉아 아침 먹고, 소파에 앉아 차 마시고, 자동차에 앉아 운전하며 출근하고, 사무실에서 책상에 앉아 일을 합니다. 하루 종일 우리 몸이 가장 많이 머무는 곳이 의자입니다. 딱딱한 의자는 긴장하게 되고 부드러운 의자는 편안함과 아늑함을 줍니다. 의자에도 긴장과 휴식의 상관관계가 있게 마련입니다. 의자는 사유하며 생각을 정리하게 하는 자리입니다. 이런 생각을 하는데 이정록 시인의 「의자」란 시가 눈에 들어왔습니다.

이정록 시인은 어머니의 입을 빌려 의자에 대해 말하고 있습니다. "병원에 갈 채비를 하며/어머니께서/한 소식 던지신다//허리가 아프니까/세상이 다 의자로 보여야/꽃도 열매도, 그게 다/의자에 앉아 있는 것이여"(「의자」) 허리가 아프면 어디든 앉고 싶어집니다. 세상 것들이 다 의자로 보인다는 말에 고개가 끄덕여집니다. 아파봐야 남을 이해하고 세상 것들을 바라보는 눈이 열린다는 말이 실감나는 구절입니다.

세상에는 내가 기댈 때도 있지만 내가 의자가 되어 줄 때도 있습니다. "이따가 침 맞고 와서는/참외밭에 지푸라기도 깔고/호박에 똬리도 받쳐야겠다/그것들도 식군데 의자를 내줘야지"라고 합니다. 참외가 흙에 닿아 상하지 말라고 지푸라기를 깔아 주고 호박도 똬리를 틀어 주는 것을 의자를 내준다고 했습니다. 어머니의 체험에서 우러난 삶은 지혜가 묻어나기에 공감과 연민을 끌어냅니다.

시인은 시의 말미 "싸우지 말고 살아라/결혼하고 애 낳고 사는 게 별거냐/그늘 좋고 풍경 좋은데다가/의자 몇 개 내놓는 거여"라는 말과 박소유 시인의 단순해져야 서로의 의자가 보인다는 말이 같은 의미로 다가옵니다. 모든 인간관계뿐 아니라 특히 부모자식, 부부 사이에 서로 의자가 되어 주는 것이 가장 편한 관계가 되겠지요. 그건 바로 상대를 배려하는 마음에서만 우러나오는 거니까요.

내가 상대의 의자가 되어 준 것이나 세상 만물이 다 의자로 보이는 것이 서로 통하는 바가 있습니다. 깨달음은 멀리 있는 것이 아니라 의자에도 있었습니다. 돌덩이 하나도 내가 앉으면 의자가 되고 새가 나뭇가지에 앉으면 나무는 새의 의자가 되는 겁니다.

우리를 꿈꾸게 하는 글쓰기

> 저 어둠을 찢어 버릴수 있을까?
> 진흙처럼 컴컴한 하늘을 가히 밝힐 수 있을까?
> -보들레르, 「돌이킬 수 없는 일」에서

 우리의 일상생활에서 필요한 단어 수는 약 3,000개 정도로 알려져 있다. 좀 더 풍부한 어휘를 가지고 글쓰기를 하거나 전문 용어를 활용하여 연구하는 사람들은 약 12,000개의 단어를 사용한다. 일반적으로 사전에는 약 8만 개의 단어가 실려 있다. 그러나 미국의 인공지능 연구기관 '오픈 AI'가 새로 개발한 글쓰기 인공지능은 800만 개의 인터넷 페이지에 담긴 15억 개의 단어를 학습했다고 한다.

 인공지능 'GPT-2'는 사용자가 특정 문장을 입력하면 이에 맞춰 논리적으로 문장을 구성할 뿐 아니라, 책 한 페이지 분량의 글을 신속하게 자연스럽게 작성해 내기 때문에 인간의 글쓰기보다 우수하다는 평가를 받고 있다. 판타지 소설이나 뉴스 기사, 학교 숙제 등을 척척 해내며, 책 한 권을 빠른 시간 내에 교정이나 편집 없이 완성할 수 있다. 'GPT-2'의 뛰어난 글쓰기 능력에 연구자들도 놀라움을 감추지 못하고, 이로 인해 위험성이 우려되어 원천 기술을 비공개하기로 결정했다.

이런 상황 속에서 인간이 언제부터 글을 써 왔는지 궁금해졌다. 성경 요한복음 1장 1절은 "태초에 말씀이 계시니라"로 시작한다. 모든 것이 말로 이루어졌으며, 말씀이 곧 하나님이라는 내용이다. 인류 최초의 책은 무엇일까? 말의 사용이 시작되면서 그것을 기록할 필요성이 생겼다. 초기에 사람들은 짐승의 뼈에 선을 긋고 표시를 했다고 한다. 사물과 유사한 형상의 기호를 이용해 글자를 발전시켰을 것이다. 점차 발전한 수메르인들은 진흙 판을 만들어 거기에 써 놓았지만, 그 판들이 부서지거나 물에 닿으면 녹아버려 보존할 수 없었다.

이집트인들은 파피루스에 암호화된 상형문자를 기록했다. 그 책은 죽은 자의 관에 들어 있는 부장품이었다. 나중에 그 상형문자를 해석해 보니 망자를 위한 저승 여행 안내서로 그

책이 바로 『사자의 서』다. 다음 세상에 잘 도착하길 기원하는 기도문이다. 중국여행 중에 박물관에서 BC 2~3세기경의 유물인데 대나무 껍질을 엮어 아주 가는 세필로 글을 적어 놓은 것도 보았다. 중국 지역의 초기 책의 일종인 것 같았다. 현재 BC 2,000년 경 수메르에서 문자로 기록한 『길가메시의 서사시』를 가장 최초의 책으로 여기고 있다. 모든 신화의 원형이자 가장 위대한 책인 성경의 모티브로 보기도 한다.

인공지능이 글을 잘 지어낸다니 칼럼은 한두 문장만 입력하면 단 몇 분 안에 작성된다고 한다. 컴퓨터 앞에 몇 시간째 앉아 생각을 가다듬어 뚝딱거리고 있는 나는 그 기사를 읽고 맥이 빠진다. 뭐 그래도 나는 쓴다. 사실 글쓰기는 나를 위한 것이다. 나를 꿈꾸게 하는 시간이기 때문이다. 인공지능 'GPT-2'는 상상을 초월하는 단어 수와 어휘력을 습득했으니 겨우 12,000 단어 정도를 활용하는 사람과의 글쓰기 격차는 당연할지 모른다. 인간의 영역인 예술과 창조에 도전하게 된 AI에 대해 우려를 하게 된다.

인공지능 글쓰기는 사람이 쓰던 글쓰기의 경계를 허물고 있다. 과학이 나날이 발전해 가니 AI가 글을 쓰는 시대가 오리라는 예상은 했다. 인공지능은 밤낮 없이 지치지 않고, 남을 의식하지 않으며 모든 표현을 사용할 수 있다. 설득과 감동까지도 담아낸다. 번역 수준에서 벗어나 고도의 창작 활동도 가능하다. 2017년 중국이 개발한 〈샤오이스〉는 현대 시인 519명의 작품 수천 편을 100시간 동안 학습해 1만여 편의 시를 쏟아 냈다. 그중 어색하지 않은 작품 139여 편을 가려 시집의 제목도 〈샤이오스〉가 직접 지어 『햇살은 유리창을 잃고』라는 제목의 시집을 발간하기도 했는데, 문맥이 어색하다는 기사를 보았다. 글쓰기에 위기감을 느낀다. 이성과 논리적인 글쓰기인 기사와 논문, 평론은 안전지대가 아니다. 소설이나 시는 인공지능이 넘보기 어려운 영역이라 했지만 안심할 수 없다.

올해 초 중국에서 AI 딥시크(DeepSeek)를 선보였다. 전 세계의 이목이 집중되었다. 딥시크는 기계 학습과 딥러닝(Deep Learning) 알고리즘을 활용하여 다양한 산업에 활용되고 있다. 인간 수준의 텍스트 생성은 물론이고, AI 비서, 자동 번역, 영상 분석, 금융 산업, 의료 분야, 전자상거래와 마케팅에서 콘텐츠를 자동으로 생성한다. 또 구글 검색에 신시대가 열렸다고 환호하고 있다. 식당을 검색하면 AI 비서가 예약에서부터 결제까지 모두 처리해 준다. 새로운 AI는 이전 모델인 챗봇에 반격을 가하고 있다.

세계 각국의 최대 관심사는 인공지능이 되었다. AI가 국가 경쟁력에 큰 영향력을 미치게 되었으니 우리나라 기업들도 앞다투어 인공지능에 관심을 가지게 되었다. 이제 전 연령층이 생존전략으로 AI 사용법을 알아야 한다. AI 교육 시장이 활기를 띠고 성장하고 있다. 급변하는 이 시대에 우리는 어떻게 살아가야 할까. AI를 모르고는 살아 갈 수 없으니 빨리 강의를 듣고 배워 체득해야 이 시대에 발맞추어 나갈 수 있을 것이다.

하지만 AI는 스스로 가치관이나 세계관을 갖고 있지 않을 뿐만 아니라 전체를 파악하는 능력, 한번 보면 척 알아보는 직관, 그리고 예민한 감성을 지니고 있지 않다. 미래에는 인간의 직관이 더욱 중요하다. 직관, 예민한 감성, 그리고 전체를 어우르는 능력은 경험에서 얻게 되는 것이다. 글쓰기는 우리를 여전히 꿈꾸게 한다. 예술 영역에 도전하는 AI가 할 수 없을 것이다. 이미 아인슈타인은 "인간에게 가장 유일하게 가치 있는 것은 직관"이라고 말했다.

말모이와 우리 한글

산다는 것은 고통, 그건 누구나 다 아는 비밀
-보들레르, 「언제나 이대로」에서

『말모이』 영화를 보러 가면서 "말모이 말모이" 중얼거리며 갔는데, 집에 오는 길에도 나는 "말모이 말모이" 하고 중얼거리고 있었다. 갈 때 감정과 올 때 느낌이 달랐다. 말모이라는 말이 친근해지고 말이 모아져 있는 사전의 의미도 풍성해지는 것 같았다. 말이 모이는 곳에 뜻이 모인다는 공동체 정신과 사람에 대한 존중이 담긴 표현이라 더욱 뜻깊게 느껴진다.

1940년 일본의 수탈이 극에 달해가던 때, 우리의 정신마저 빼앗기 위해 우리의 글을 못 쓰게 하고 말도 못하게 했다. 이어 모든 국민에게 강제로 창씨개명을 강요하며 일본 이름을 사용하도록 했다. 고도화된 식민통치 방식인 민족문화 말살 정책을 편 것이다. 말모이는 그 정점에 달해 있던 1944년의 일이다.

김판수(유해진)는 아들의 학비 마련을 하려고 류정환(윤계상)의 가방을 노리고 소매치기를 하다가 둘은 얽혀 조선어학회에서 부딪치게 되면서 웃음과 진지함으로 풀어나간다. 그 과정에서 까막눈 판수가 한글을 깨쳐간다. 어느 날 구석에 쭈그리고 앉아 『운수좋은 날』을 읽고 눈물을 훔치고 있다. 그 장면에 가슴이 뭉클했다. 여기저기서 'ㄱ ㄴ ㄷ ㄹ ㅁ ㅂ'을 성냥개비로도 쓰고 말놀이도 하는 것을 보면서 아는 것과 모르는 것에 대해 생각해 보았다. 영화는 글을 못 읽을 때의 세상과 글을 익혔을 때의 세상이 달라 보인다는 것을 판수를 통해 보여 준다. 글을 읽힌 판수가 깨달아 앎으로 인해 다른 세상을 경험하고 사유하게 된다.

극장 입구에서 판수는 단체 관람을 온 학생들 틈에서 아들을 보고 반가워 "덕진아!" 하고 부른다. 선생은 빨리 들어가라며 "가네야마"라고 부른다. 판수는 아들의 이름 "덕진아 덕진아"를 중얼거리다가 뭔가 변화된 기미를 감지한다. 집으로 오니 순희가 "아버지 근데 나 이제 김순희 아니고 가네야마래요. 난 김순희가 좋은데." 딸의 이 말을 듣고 판수는 골똘히 생각에 잠긴다. 마누라를 잃고 홀아비로 아들 딸 키우며 밑바닥 삶을 살아가던 판수지만 한글을 깨치고 바라보는 시선에 변화가 온 것이다. 정환이 이끄는 조선어학회를 돕겠다고 나선다. 영화가 끝나고 자막에 촬영기록을 한글로 표기한 점도 감동과 여운을 안겨주었다.

『말모이』는 우리말의 소중함을 일깨워주는 영화. 우리말에 긍지를 느끼게 하는 영화. 우리말이 어떻게 지켜져 왔는지를 보여 주는 영화. 말이란 그 나라의 정신과 얼이 스며들어 있다는 것을 깨닫게 하는 영화. 우리말을 지키고자 했던 조선어학회 회원들의 애국심이 잘 표출된 영화. 우리가 쓰는 표준어를 정하기 위해 전국의 사투리를 다 모아 공청회를 열어 결정하는 과정을 보여주는 영화. 우리가 몰랐던 것을 잘 표현해 준 영화. 말 한마디보다 영상의 힘이 얼마나 큰지를 실감하게 하는 영화였다.

 말모이는 1910년대 편찬된 최초의 현대적 우리말 사전 원고다. 조선광문회에서 주시경 선생과 그의 제자 등 언어학자들이 참여해 편찬했으나 출판에는 이르지 못했다. 당시 제작된 초기 원고는 이후 조선어학연구회로 넘어가 조선어 사전의 밑바탕이 됐다. 말모이의 원고를 받은 조선어사전편찬회는 1929년부터 사전 편찬 작업을 시작했다. 일제의 민족 말살 정책에 대항하여 우리말을 지키기 위해 한글 학자 108명이 은밀하고도 대대적인 말모이 작전과 학자들의 연구를 거쳐 1942년 초고가 완성됐다. 하지만 일제의 극심한 탄압으로 인쇄 직전에 발각되어 사람들이 옥에 갇히고 원고까지 빼앗기고 말았다. 이후, 1945년 해방 직후 원고가 서울역에서 발견되고, 이를 바탕으로 1947년 처음 〈조선 말 큰사전〉 1권이 나왔다. 그리고 조선어학회는 한글학회로 이름을 바꾸었고, 사전도 〈큰사전〉으로 이름을 바꿔 1957년까지 6권이 모두 나왔다.

　세종대왕이 창제한 우리 한글에 대해 네덜란드 언어학자 보스(F.Vos)는 "한글은 세계에서 가장 훌륭한 문자"라고 평하고 있으며 영국의 샘슨(G.Sampson) 교수도 의심의 여지없이 "한글은 발성 기관의 소리되는 모습을 따라 체계적으로 창제된 과학적인 문자일 뿐 아니라 문자 자체가 소리의 특징을 반영하고 있다"고 극찬했다. 배우기 쉽고 익히기 쉬운 우리말인데 놀랍게도 우리나라의 문자 독해율이 낮다고 한다.

한글을 읽는 능력만으로는 세계에서 가장 낮은 문맹률을 보이지만 우리나라 말로 만든 책을 이해하는 능력은 25% 정도이다. 75%가 한국어로 된 책을 읽어도 뜻을 모르고 이해가 부족해 독해율이 저조하다는 것이다. 대학을 졸업한 고학력자들의 문서 독해 능력을 비교해 보면, 조사 대상인 22개국 중에서 우리나라 점수가 최하위였다. 고급 문서를 해독할 수 있는 성인은 2.4%에 불과하다. 국민들에게 한자를 가르치지 않아서 그렇고, 외국어를 많이 남발하기에 그 뜻을 정확히 알지 못해서 그렇다는 의견도 있다. 낫 놓고 기역(ㄱ)자도 모르는 한글 문맹이 아니라 곡괭이를 놓고 고무래 정(丁)자도 모르는 한문 문맹이라는 우스갯소리도 생겨났다.

지난해 수능시험에서 국어 문제가 어려웠다는 이야기를 듣고, 문제를 찾아 읽어 보았다. 긴 지문을 읽는 동안, 과연 이 글이 한국인이 쓴 것인지 아니면 외국인의 번역인지 구분이 어려웠다. 문장이 비비꼬여 있었다. 이런 글을 배우고 익히는 학생들이 어떻게 훌륭한 글을 쓸 수 있으며, 문맥을 제대로 이해할지 걱정이 되었다. 아무런 힘이 없는 나는 그저 가슴이 답답할 뿐이다. 우리말은 우리의 혼이 깃든 생명의 언어이자, 살아 숨 쉬는 언어이다. 우리의 한글을 죽은 언어로 만들어서는 안 될 것이다. 전 세계에는 3,000개의 언어가 존재하지만, 그중에서 사전을 보유한 언어는 겨우 20개에 불과하다. 우리는 우리말 사전을 가지고 있으며, 세계적으로 인정받는 우리말에 대해 자긍심을 가져야 한다.

글을 쓰는 사람으로서 우리말이 없었다면 지금 어느 나라 언어로 글을 쓰고 있을까 생각하니, 지금 쓰고 있는 우리말이 참으로 귀하게 느껴진다. 정환이 판수에게 사과하러 가서 "민들레가 왜 민들레인 줄 아십니까? 문 주변에 흐드러지게 많이 피는 꽃이라 해서 문들레, 그래서 민들레가 되었다 합니다"는 대사는 가슴을 먹먹하게 했다. 우리의 정신과 얼과 말맛이 스며있어서다. 우리의 말과 얼을 지키려고 피 흘리고 목숨을 내놓은 한글학자들이 고맙고 감사하다.

문학은 사람에 관한 이야기

> 낱말과 언어에는
> 우연의 장난을 하지 못하도록
> 우리를 금지시키는 뭔가 신성한 것이 있다.
> -보들레르, 「고티에에 관한 비평」에서

　새해 1월 1일, 일간지 지면에 신춘문예 당선자의 사진과 당선작이 실린다. 신춘문예는 문인이 되기 위한 가장 화려한 통과의례로, 응모자들뿐만 아니라 문인들 역시 큰 관심을 가진다. 당선작의 경향, 당선자, 심사위원이 누구인지 궁금해 하는 경우가 많다. 당선자는 상금뿐만 아니라 신인으로서 누릴 수 있는 다양한 특권도 제공받기에 매력적인 등단의 기회가 아닐 수 없다. 신춘문예 등단은 예비 작가들의 로망이다. 신춘문예는 1900년대 초에 도입되어 오랜 시간 동안 수많은 국내 작가를 배출해 왔다. 현재 25개 언론사에서 신인을 공모하고 있으며, 이 제도는 우리나라에서만 시행되고 있다.

간혹 예심 심사를 하다 보면, 몇 년 전에는 중장년층이 많이 투고했으나, 최근에는 젊은 층의 응모가 늘어나고 있어 바람직한 변화로 여겨진다. 투고 작품 중에는 전문적인 글쓰기 지도를 받으며 공부한 이들도 있지만, 학창 시절에 글을 써 본 경험이 있는 사람들이 신춘문예 공고를 보고 지나치지 못하고 응모하는 경우도 있다. 어떤 분은 원고지에 정성껏 써서 제출하기도 하고, 전통적인 시조 형태의 글을 보내오는 경우도 있다. 그들의 문학에 대한 열정은 대단하다.

신춘문예 공고가 발표되면 글쓰기의 병이 도져 들어 앉아 글을 쓴다는 이들이 있다. 문학의 매력에 빠지면 벗어나기 힘든 법이다. 마약이나 담배처럼 중독성이 강하다. 문학은 "상상 속의 마약"과 같은 기능을 한다. 이것을 끊어 내는 방법은 본인이 지쳐서 포기하기 전까지는 누가 말려도 소용이 없다. 어쨌든 1월은 문인들에게 이야기할 것이 많은 축제의 달이기도 하지만, 낙선한 예비 작가들에게는 아픈 기억이 남는 달이다.

문인들은 열심히 인터넷을 클릭하며 다양한 신문의 당선작을 찾아 읽고 분석하곤 한다. 나 역시 아침에 남편과 함께 수

성못에서 해돋이를 감상한 후, 콩나물해장국을 사 먹고 돌아와서 컴퓨터 앞에 앉아 당선작을 찾아 읽었다. 문학 애호가들이 점점 늘어나듯이 신춘문예에 응모하는 작품 수도 증가하고 있다. 작품의 수와 응모자가 증가하는 것은 긍정적인 일이지만, 한편으로는 문학을 지나치게 쉽게 생각하는 것은 아닌지 우려스럽다

 지난여름 대구문학관 인문학 특강에 오신 소설가 오정희 선생님이 하신 말씀이 생각났다. 우리는 일반적으로 열정만 가지면 문학도 잘 할 수 있을 거라 생각하지만 그게 아니라고 하셨다. 선생님은 "기술 없는 창작이나 기교 없는 작품은 열정과 꿈이 있다 하더라도 좋은 작품이 될 수 없다." 고 말씀하시며 문학하는 삶과 문학하는 사람에 대한 환상이 사라져야 한다고 덧붙이셨다. 글쓰기도 일상 중 하나일 뿐이라고 하시며 환상과 열정만 가지고 섣불리 글쓰기에 덤벼들지 말라는 충고였다.
 더위가 한창인 한여름에 화장기 없는 맨얼굴의 선생님을 강연장에서 만났다. 인상은 부드러워지셨고 눈빛은 맑았다. 연세는 드셨지만 꼭 소녀 같으셨다. 문학에 대해 말씀할 때는 강

한 에너지가 뿜어져 나왔다. 초등학교 시절부터 여학교를 다니던 때에 어떻게 문학을 접하게 되었고, 어떻게 자기만의 골방에서 걸어 나오게 되었는지를 조곤조곤 풀어 놓으셨다. 선생님도 1968년에 「완구점 여인」이 중앙일보 신춘문예에 당선되어 소설가로 왕성하게 활동하시며 많은 소설집을 펴내셨다. 문학으로 인해 시민으로서의 금기, 사회적 금기, 개인적 금기를 넘어설 수 있었고 문학을 통해 보지 못했던 것을 보게 되었다고 하셨다.

"평소 삶을 잘 살아야 해요. 영감(靈感)은 다른 곳에서 오는 것이 아니라 우리 삶에서 나옵니다. 작가의 작품에서 수혜자는 독자가 아니라 일차적인 수혜자는 글을 쓴 작가입니다. 작가의 욕망이 자기의 문제를 풀어놓은 것입니다"라는 말에 고개가 끄덕여졌다. 나도 글쓰기를 즐기기도 하지만 나를 치유해 가는 과정이라는 것을 터득했기 때문이다. 선생님은 자신의 소설은 안에서 들끓고 있던 것이 강하게 밀려 나온 것들이라 하셨다. 본인은 전쟁 세대라 혹독한 경험을 몸으로 겪으셨다고 한다. 허기와 슬픔 그리고 비극적 세계관을 체험한 세대이기에 자연스럽게 작품에 베여 나오게 된 것이라 했다. 또한 학창 시절 테니스 선수 생활을 하신 것도 말씀하시면서 열등감에 휩싸인 '나'를 구해 낸 것이 문학이고 글쓰기였다고 진솔하게 터놓으셨다.

그러나 문학은 고통 속에서 태어난다고 하셨다. 다른 무엇보다 자신을 불편하게 만들고 좌절하게 하는 요인은 외부에서 오는 것이 아니라, 자기 자신에 대한 회의에서 비롯된다고 말씀하셨습니다. 젊은 시절, 결혼한 여성 작가로서 불안과 고통을 언급하시며, 그 시절로 다시 돌아가고 싶지 않다고 하셨다. 이런 말씀은 선생님이 젊은 시절이었다면 말하지 않았을 속내다. 같은 여성으로 공감이 갔다. "영감의 원천은 나의 삶에서 나옵니다."라는 말을 들으니 나의 스승이신 이성복 선생님께서 하신 말이 떠오른다. "어디 헤매고 다닌다고 글이 잘 써지는 게 아니에요. 이미 내 속에 다 있어요. 내 속에 있는 것을 끄집어내서 쓰면 되는 거예요." 하시던 말과 맥이 통하는 것 같아 고개가 끄덕여졌다.

오정희 선생님은 "문학은 거창한 것이 아니다. 사람과 사람에 관한 이야기이며, 태어나서 살아가다가 이별하고 죽는 이야기다. 거기서 인생을 발견하게 된다. 인간에게는 죽음이 있어서 자신의 삶을 돌아보게 하고 비춰보게 한다. 그래서 죽음은 거울과 같다. 문학이 그 거울의 역할을 대신한다. 글은 완성해야지 쓰다만 글은 식은 밥과 같다."는 말로 강연을 마치셨다. 강연을 들은 후, 나는 갈증이 해소된 듯한 기분이 들었다. 묵묵히 내 길을 걸어갈 수 있는 에너지를 얻는 소중한 시간이었다.

문학은 인생의 패배를 기록한 것이라고 누군가 말했다. 고시를 준비하듯이 등단을 위해 여러 번 도전을 이어 가고 있는 예비 작가들에게 꼭 써야하는 간절함이 있다면, 많이 읽고 많이 쓰되 머리로 말고 가슴으로 쓰라고 말하고 싶다. 문학의 길은 100미터 경주가 아니라 마라톤임을 알아야만 끝까지 완주할 수 있다.

『어느 가족』에서 나를 보다

모호한 분위기가 도시를 감싼다.
-보들레르, 「명상」에서

고레에다 히로카즈 감독의 〈어느 가족〉을 보고 나서 평소에 깊이 들여다보지 않았던 가족에 대해 골똘히 생각해 보았다. 가족은 인간의 삶의 출발점이며, 인생의 대부분을 서로 의존하며 사는 소중한 공동체다. 이 사회에서 점점 전통적인 가족의 형태가 그 기능을 잃어가면서 가족의 테두리를 아슬아슬하게 유지하고 있다. 가족은 진정성이 아닌 생존의 공간으로 변모하고 있는 것처럼 느껴진다. 가족이란 개념도 시대상에 따라 변화하는 것 같다.

〈어느 가족〉은 가족의 해체를 다룬 기존 영화와 달리 새로운 형태의 가족을 이루며 살아가는 모습을 담아냈다. 일상적인 가족이라는 이면에 숨겨진 모순과 부조리에 질문을 던지며 그 속에 숨어 있는 잔혹함을 영화는 놓치지 않고 잡아낸다. 이 영화는 일본의 외진 재개발 지역 오래된 목조 민가에서 6명이 모여 한 가족을 이루며 살아가는 이야기다. 혈연을 뛰어 넘는 가족. 그들은 내일의 희망을 기대하지 않으며 하루하루 살아간다. 6명이 어떤 이유로 모여 살게 되었는지는 영화에서 말해 주지 않지만 영화의 흐름으로 감지 할 뿐이다.

 피붙이가 아닌 사람들이 이룬 공동체가 가족이 될 수 있는가? 하는 물음은 영화가 끝날 때까지 이어진다. 이 가족은 연금을 받는 할머니(하츠에)와 일용직을 하는 아빠(오사무)와 세탁 공장에서 일하는 엄마(노부요), 고모(아끼), 어린 쇼타가 좁은 집에 모여 산다. 모두가 이 사회에서 소외된 자들이다. 할머니는 남편의 사망신고를 하지 않고 그 연금을 받아 산다. 아끼는 죽은 남편(다른 여자 사이에서 난)의 아들의 딸이다. 노부요와 오사무는 교도소를 드나든 전력이 있고 쇼타와 유리도 부모에게서 소외된 아이들이다.

 이들은 궁색한 살림에 필요한 물품은 슈퍼에서 좀도둑질을 해서 충당한다. 어느 날 슈퍼에서 아빠는 망을 보고 쇼타는 몰래 가방에 물건을 담아 집으로 오다가 추위에 떨고 있는 대여섯 살 여자아이(유리)를 발견해 집으로 데려온다. 아이도 물건을 슬쩍 가져온 것처럼 아무 가책 없이 데리고 와 가족을 이루고 산다.

이 가족들의 삶을 깊이 들여다볼수록 현실의 가족들이 놓치고 있는 것을 조용히 말없이 보여 준다. 풍족한 물질이 없더라도 한 공간에 모여 살아가는 것만으로도 나름대로 행복하다. 일반적인 사람들의 시각으로 보면 저들은 좀도둑질을 일삼는 사람들이니 행복하면 안 된다는 심리가 저변에 깔려있겠지만, 그러나 그것을 뒤집어 그들에게도 보통의 가족처럼 행복한 순간이 있다.

그들은 서로를 위로하며 공동체로서 가족의 형태를 유지한다. 할머니 하츠에는 야뇨증이 있는 유리에게 손을 잡고 소금을 뿌리고, 노부요는 자기와 같은 화상 자국을 손으로 쓰다듬어 주는 것으로 유대 관계를 형성하면서, 유리의 아픔을 치유하는 과정도 보여 준다. 구멍가게에서 쇼타는 유리와 함께 물건을 훔치다가 할아버지와 눈이 마주친다. 할아버지는 쇼타를 불러 물건을 훔치기 전에 의식처럼 양쪽 검지를 돌리고, 손을 이마와 입에 가져가는 동작을 하며 아이들을 안심 시킨 후에, 여동생에게는 "이런 건 시키지 마라"고 훈계한다. 구멍가게 할아버지는 그동안 알고도 모른 척 했던 것이다. 그 말은 어린 쇼타의 가치관에 혼란을 가져온다.

  할머니의 죽음과 쇼타의 성장은 이 가족의 붕괴의 계기가 된다. 할머니의 연금으로 살아온 이들은 할머니의 사망 신고를 하지 않고 할머니를 마루 밑에 구덩이를 파고 암매장한다. 점점 커가는 쇼타는 물건을 훔치는 행위가 올바른 일이 아니라는 것을 깨달으면서 가족의 끈을 놓아 버린다. 모든 책임을 노부요가 지고 교도소에 수감된다. 경찰이 아이들이 당신에게 뭐라 불렀느냐는 말에 노부요는 눈물만 흘린다. 엄마라는 말을 들어보지 못했기 때문이다. 어떻게 불러도 상관없다고 여겼지만 경찰의 질문이 노부요의 마음을 흔들어 놓았다. 교도소에 면회를 간 쇼타에게 노부요는 어디에서 데려왔는지 알려주며 친부모를 찾아가라 한다.

  제 집으로 돌아간 유리도 친엄마가 가까이 오라 손짓할 때

고개를 저어 안 가겠다는 의사 표현을 한다. 유리는 자식을 때리는 것은 사랑하는 것이 아니라는 것을 노부요를 통해 알았기 때문이다. 오사무는 쇼타를 버스정류장에 바래다주고 버스가 떠나자 쇼타의 이름을 부르며 버스를 따라 한참을 달린다. 쇼타는 뒤를 돌아보다가 "아빠"라고 속으로 말한다. 전에 할머니도 해수욕장으로 가족과 소풍을 갔을 때 모래사장에 혼자 앉아 저들을 바라보며 "고맙다"는 말을 혼자 했다. 쇼타의 "아빠"라는 말과 할머니의 "고맙다"는 말은 아무도 듣지 못했지만 울림이 컸다.

 쇼타는 자신을 낳아준 아버지와 길러준 아버지를 모두 뒤로 하고 청소년보육시설에서 새로운 삶을 시작한다. 학교도 가고 친구도 사귀면서 사회 안으로 서서히 발을 들여놓고 있다. 스스로 독립적으로 살아가는 쇼타. 쇼타와 유리는 가족이라는 것 너머를 알아버렸다. 유리가 집 앞에서 혼자 놀다가 누군가가 오기를 기다리며 저 너머를 바라보는 것이 기억에 남는다. 너머를 알아버렸기 때문에 어쩌면 더 성숙한 어른으로 잘 성장하리라.

 『어느 가족』을 보고 오는 길에 나의 어린 시절이 떠올랐다.

유리만 할 때 잠결에 이불에 오줌을 쌌다. 그때 엄마는 채이와 바가지를 내놓으며 채이를 머리에 쓰고 옆집에 가서 소금을 얻어 오라고 대문 밖으로 쫓아냈다. 채이를 머리에 쓰고 바가지를 들고 대문 앞에 쪼그리고 처연하게 앉아 있었다. 소금을 옆집에서 얻어 왔는지는 기억에 없다. 엄마는 화를 냈고, 막내 고모는 "니 진짜 엄마는 화양 장터에 가면 있을 끼다"라며 놀렸다. 엄마의 성화보다 고모의 말에 몹시도 서러워서 울다 잠들었다. 그 후 나는 여기 맡겨져 있고 언젠가 친엄마가 나를 데리러 올지도 모른다는 상상을 하곤 했다.

가끔 화양이 어디 있는지 화양을 찾아 가고 싶었다. 우습게도 이 생각은 사춘기 내내 따라다녀 내 의식에 굳은살처럼 박혀 있었다. 장난이지만 입에서 뱉어낸 말이 그렇게 중요하다. 평생 가슴에 못을 박아놓을 수도 있다. 상처를 주는 것도 상처를 받는 것도 가까운 가족에게서 가장 많다고 한다. 할머니 하츠에는 자신이 누리지 못한 가정을 이런 유사가족으로라도 꾸리고 싶었나 보다.

여성이라는 병

> 삶 위를 떠돌며 꽃들과 말 없는
> 사물의 언어를 쉽게 알아듣는다!
> -보들레르, 「비상」에서

  책상 위에 하얀 종이가 놓여 있다. 종이는 아무 것도 원하지 않는다. 흰색의 공간은 무의 공간이며, 결핍의 공간이다. 아무 것도 원하지 않는 종이를 뒤집어보면 많은 욕심을 숨기고 있다. 무한한 욕망이 잠재되어 있는 것이다. 종이는 아무 말도 하지 않지만 많은 것을 요구하고 있다. 여백을 가득 채우라고 침묵 속에서 강요하고 있다. 백지를 보면 언제나 두근거린다. 조심스럽게 하얀 종이를 펼치고 쓴다.

  나에게 시 쓰기란 삶의 길 위에서 느끼는 생각의 발자취이며, 무의식에서부터 저 유년의 기억과 꿈과 현실 사이에서 허

우적거리며 나를 찾는 과정이다. 자신의 정체성을 찾고 내 안의 나를 들여다보며, 또 다른 나를 현실 세계로 끄집어내어 나와 대면하게 하는 순간이 있다. 외부 세계와 내면 세계의 깊은 틈바구니에 횃불을 켜들고 어둠 속 미로를 따라 들어가면 기억의 창고가 있다. 그 창고는 내 시의 탯줄이다.

  나는 시의 바탕에 인간적인 진실의 목소리를 담고자 애썼다. 시에 울림이 있고, 마음으로 다른 마음에 가 닿는 시. 보이지 않고, 들리지 않는 자연에 내 마음이 가까이 가 닿아 보려는 시도를 끊임없이 하고 있는 중이다. 그러던 중 보들레르의 시론이 눈에 들어 왔다. 그는 시나 그림에서 영혼 깊숙이 파고드는 음악성이 있어야 한다고 했다. 나도 시와 산문에서 리듬감을 중시하는데 보들레르와 생각이 같아서 마음이 환해졌다. 보들레르의 시가 당대의 시인들에 비해 내면적인 심리에 기반을 두고 있는데, 나도 내면적인 시에 끌렸다.

  나는 오래 전부터 '병'을 앓고 있었다. 내가 거울을 들여다본 순간부터인지 언제부터인지 잘 모르겠지만 나를 인식한 순간부터라 본다. 거울 속의 나는 할아버지와 아버지, 오빠와 다른 모습이었다. 나는 어머니와 할머니의 모습에서 작은 나를 보았다. 나는 그 때부터 '여성이라는 이름의 병'을 앓으면서 아이에서 어른이 되었다. 오래 전에 러시아 인형 마트로시카를 선물로 받았다. 행운을 가져다준다는 그 인형 속에 똑같은 모양의 인형이 겹겹이 들어 있었다. 여자 속에 들어 있는 수많은 여자들, 늙은 여자, 보다 덜 늙은 여자, 젊은 여자, 소녀로 이어지는 삶의 순환 고리는 아프게 나를 파고들었다. 자신을 들여다보는 작업이 시작되었다.

나는 내 속으로 들어가 나를 찾아 헤맸다. 왜 아픈지 이유도 모르고 아팠던 '여성이라는 병'에 대해 말해야 한다는 것을 알았다. 내 속에 아픈 여자들이 고요히 숨죽이고 있었다. 내 속의 타자들이 그런 나를 끌고 갔다. 나 자신이 미처 깨닫지 못했던 여성의 삶의 의미에 천착하게 되었다. 남성과 대립 대비되는 존재로서의 여성이라기보다, 어떤 본질적인 여성성, 즉 생산하고 떠나보내는 자의 고독과 환희, 신비를 파헤쳐 보고 싶다는 욕망이 생기기 시작했다.

첫 시집 『서랍 속의 여자』에서 많이 등장하는 공간의 이미지는 후기 산업사회 속에, 세속의 도시 속에, 아파트 속에, '자아의 감옥'에 갇혀 사는 여성의 비애를 노래했다. 거대한 도시와 작게는 집안의 화장대 서랍까지 모든 공간을 닫힌 이미지로 받아들였다.

집 또는 방이라는 공간은 전통적으로 여성적인 공간이다. 여성이 자신만의 시간 혹은 자신만의 의식에 침잠할 수 있는 유일한 공간이다. 바슐라르는 "집이란 세계 안의 우리들의 구석인 것이다. 집이란 우리들의 최초의 세계이다. 그것은 정녕 하나의 우주다"라고 했듯이, 사람에겐 누구나 어머니 자궁 속에서의 태아의 잠을 그리워하기에 공간에 대한 상상력을 키워 나가고 있다. 여성에게는 특히 여성 특성상 집이란 공간에 대한 집착이 더 강하다.

밀폐된 공간에서 오는 자아의 감금이나 소외 혹은 부재, 그 속에서 영위되는 실체 없는 삶. 그러한 삶과의 불화, 그 불화가 가져오는 내적 갈등을 그렸다. 자아 찾기는 여성에서 시작해서 인간의 내면으로 확장해 시집 전체를 관통하고 있다. 가끔은 하늘의 구름도 올려다보면서 가족, 세상, 나 자신으로부터 소외된 여성의 심리, 정서, 내면적인 인간의 모습을 계속 써 나가고 있다.

3부

어떻게 살 것인가

이집트에서 그걸 찾다

> 내겐 천년을 산 것보다
> 더 많은 추억이 있다.
> **-보들레르, 「우울」에서**

1. 피라미드와 스핑크스

이집트에 대한 환상이 카이로 공항에 도착하자마자 깨졌다. (계엄령 상황이라 총을 멘 군인들이 공항과 주변을 삼엄하게 지키고 있었다.) 눈이 휘둥그레졌다.

갑자기 여행을 떠나느라 사전 지식 없이 가게 되었다. 전에 이집트 문명전 전시회를 보았지만, 그것만으로는 다 표현할 수 없는 나라다. 내가 아는 지식은 나일 강변을 중심으로 5,000년 전부터 고대 왕국을 이룩한 나라, 성경에서 애굽이라고 부르던 곳 정도였다.

이집트는 우리나라 땅 덩어리의 10배가 넘는 나라이지만 전 국토의 95%가 사람이 살 수 없는 곳으로 쓸모없는 땅이다. 5%에 해당하는 나일 강 주변으로 7100만이 모여 산다. 수도 카이로는 세계에서 인구 밀도가 가장 높은 나라라는 말을 입증하듯이 집들이 다닥다닥 붙어 있다. 아파트처럼 보이는 건물이 도심을 차지하고 있다. 시외로 나가면 흙으로 구운 나지막하고 궁색한 흙벽돌집들이 촘촘히 붙어 있다. 그들의 생활 환경을 엿볼 수 있었다.

카이로는 신시가지와 옛 시가지로 나누어져 있는데 인구 밀도가 높아서인지 사막 먼지 때문인지 숨쉬기가 힘들었다. "지중해 기후니 2월이라 해도 얼마나 춥겠어" 하고 갔는데 생각보다 싸늘하고 추웠다. 낮에는 20도를 웃도는 영상의 기온이지만, 아침저녁은 살 속을 파고드는 우리나라 3월의 기온과 비슷하다. 난방 시설을 거의 사용하지 않는 나라여서 호텔에서도 오슬오슬 한기가 들어 잠을 설쳤다.

옛 시가지에 인접해 있는 기자 지역에 피라미드가 있다. 피라미드는 나일 강 주변에 많이 분포되어 있다. 나일 강을 중심으로 동쪽은 생명의 땅이고, 서쪽은 죽음의 땅으로 구분해 왕

궁이나 신전은 동쪽에 세우고 무덤은 서쪽에 두었다. 이곳 지형은 평평한 사막이라 태양이 눈앞에서 솟아오르고 지는 것을 볼 수 있다. 그래서 태고부터 사람들이 태양을 숭배한 것 같다. 해 뜨는 곳을 신성시하고 해가 지는 서쪽은 죽음의 땅으로 본 것이다. 해가 뜨면 강렬한 태양빛이 내려쬐고 해가 지면 춥고 어두워지는 것과도 연관이 있을 것이다.

이집트의 왕들이 무덤과 신전에 큰 노력을 기울인 것은 죽음에 대한 두려움이 깊었기 때문이다. 피라미드를 건설한 것도 이와 같은 두려움에서 비롯되었다고 한다. 무덤의 규모가 클수록 그들의 죽음에 대한 두려움이 컸다는 것을 의미한다.

가장 널리 알려져 있고 오랜 역사를 지닌 것은 기자의 피라미드이다. 제4왕조의 두 번째 왕인 쿠푸가 이 피라미드를 세웠다. 왕들은 왕위에 오른 후, 자신의 사후 영생을 위해 무덤을 먼저 건설해야 한다고 생각한다. 만약 피라미드를 완성하지 못한 채 죽으면 그 영혼은 고통받는다고 여긴다. 아들이 왕위에 올라서도 선왕의 무덤을 건설하지 않기 때문에, 왕은 생전에 반드시 자신의 무덤을 마련해야 하는 것이다. 피라미드

주변에는 무너진 돌무더기와 마무리되지 않은 피라미드들이 그러한 사례로 존재한다. 대표적인 예로 중왕조 시대의 람세스 1세가 있다. 그는 늦은 나이에 즉위한 후 단 1년 만에 세상을 떠났으며, 왕들의 골짜기에 위치한 그의 무덤은 단 한 칸만 존재한다.

쿠푸왕의 스핑크스 옆에는 미이라를 제작하기 위한 방이 있다. 이 방은 화강암으로 구성되어 있으며, 죽은 자를 올려두고 미이라를 만드는 데 사용되는 돌 판이 있다. 이 돌 판에는 홈이 파여 있고 구멍이 뚫려 있다. 이는 뇌수, 피, 심장 및 내장을 제거하는 데 필요한 좌대이다. 미라는 약 6개월에 걸쳐 제작된다. 이 방은 매우 정교하게 만들어져 있으며, 돌에는 홈이 파여 있어 모서리가 형성되어 있다. 이는 우리나라에서 과거에 나무와 나무의 이음새를 제작하던 방식과 유사하다. 돌을 다루는 기술을 익히고 1.5미터가 넘는 화강암을 마치 나무처럼 사용한 것은 경이로운 기술로 평가된다. 이들이 돌을 정교하게 다루었던 흔적은 여기저기에서 쉽게 발견할 수 있다. 비록 내가 정확히 알지는 못하나, 이 공법은 정교하면서도 기술적으로 뛰어난 것으로 보인다. 옛 이집트 사람들이 어떻게 이

토록 훌륭하게 돌을 다루었는지는 그저 놀라울 따름이다. 이는 당시의 문화 수준을 가늠할 수 있는 중요한 잣대이다.

또한 피라미드와 스핑크스는 서로 연결되어 있다. 이는 피라미드를 수호하는 신으로서 스핑크스가 세워졌으며, 스핑크스는 왕의 모습과 유사하다고 전해진다. 피라미드는 40층 건물의 높이에 해당한다. 기자 피라미드는 2.5톤의 돌 230만 개로 제작되었다. 돌을 쌓아 올린 모습은 가까이에서 보니 매우 인상적이다. 강력한 왕의 절대 권력이 느껴진다. 수많은 노동력이 어떻게 동원되었는지 궁금하다. 한편, 매년 나일강변의 홍수로 인해 사람들은 농작물과 수확을 잃었고, 이러한 상황 속에서 피라미드 건설이 서민들에게 일자리를 창출하는 역할을 했다는 이야기도 있다.

2. 무덤 위에 세워진 도시

아부심벨 신전, 콤옴보 신전, 호르스 신전, 카르낙 신전, 멤논의 거상, 합세슈트 장제전 등 여러 신전을 돌아다니다 보면 각 신의 이름을 잊어버리기 쉽다. 어찌되었던, 그들은 죽은 후에 죄를 심문받고 죄가 없다는 판명이 나면 오시리스가 되어 죽음을 관장하며 영원히 산다고 믿었다.

콤옴보 신전에는 1년 365일 동안 신전에 바쳐야 할 제물을 상형문자로 기록해 두었다. 매일 다른 음식을 바쳐야 한다. 박물관에 가면 시중드는 시녀의 토기 인형 360개가 진열되어 있는데, 이는 왕의 무덤에서 발굴된 유물로, 매일 다른 음식을 신전에 바치는 것처럼 죽은 왕을 위해 매일 다른 시녀가 시중을 들게 했던 것이다.

신전 내부에는 지성소가 있다. 이 지성소는 신전에서 어둡고 신성하며 두려운 장소로, 오직 제사장만이 출입할 수 있는 특별한 공간이다. 그러나 지성소에서 밖을 바라보면 신전 입구의 햇살 속에 서 있는 사람들이 눈에 띈다. 지하에는 비밀 통로가 있어 제사장은 아무도 모르게 드나들 수 있는 문이 마련되어 있다. 제사장은 이 비밀 통로를 통해 사람들이 제물을 바치며 고통을 호소하거나 소원을 비는 소리를 엿듣고 그에 대한 답을 준 것이 아닐까 하는 생각이 들었다.

엄청나게 큰 기둥과 거상, 오벨리스크도 화강암으로 제작되었다. 돌을 정교하게 깎고 다듬은 후, 그 위에 석회를 입히고 그림을 그리며 상형문자를 새겨 넣고 채색하였다. 이들은 돌을 매우 잘 연마하고 다루었으며, 그들만의 독특한 석재 작업 능력이 있었다.

람세스 2세의 거상이 이곳저곳에 많이 흩어져 있다. 저렇게 높은 구조물은 어떤 의미를 지니고 있었을까? 람세스 2세는 96세까지 생존했으며, 부인은 72명이었고 자식은 200명이었다고 전해진다. 다른 왕들에 비해 왕위 기간이 길었던 그가 오래도록 장수하면서 자신이 신과 동등하다고 여겨 여러 곳에 거상을 세우게 되었다. 이는 우리나라 문화와의 뚜렷한 차이를 드러낸다. 우리나라에서는 개인이 살아서 자신의 동상이나 무덤을 만들지는 않았다.

신전을 오가다 보니 둥근 모양이거나 피라미드 모양으로 쌓인 흙더미가 여기저기 흩어져 있다. 흙더미는 모두 만들다만 무덤이다. 특히 고대 이집트인들은 영원히 살고자하는 욕망이 강해 죽음에 대한 인식이 남달랐던 것 같다. 여기저기 흙더미가 쌓여있어서 무덤 위에 세워진 나라처럼 보인다. 겉으로는 굳건히 세워져 있지만, 이 모든 것이 지하세계를 지배하는 오시리스가 지배하는 지하세계의 일부인가 하는 생각이 들 정도였다. 그들은 영원히 산다고 믿었기에 미라를 제작했던 것 같다. 현재는 미라를 만드는 데 엄청난 비용이 들기 때문에 그런 시도는 하지 않으며, 아파트 형식의 가족묘를 이용해 시신을 매장하고 있다. 매장 문화는 우리나라와 비슷하다.

3. 흑 사막

바하리아 사막의 백 사막과 흑 사막은 정말 신비롭다. 흑 사막의 플라워스톤은 매우 매력적이다. 초콜릿색의 단단한 돌로, 철광석이 포함된 것 같다. 어떤 것이나 집어 들어도 조각 작품 못지않다. 남녀가 부둥켜안고 있는 듯, 어미가 자식을 안고 있는 듯, 누군가의 옆모습 같고, 동물의 형상으로 보이는 것도 있다. 그 형상들을 보고 있노라면 묘한 슬픔이 밀려온다. 그 모습들은 모두 안쓰럽고 슬픔이 깊이 스며들어 있는 듯하다. 꽃 모양의 돌조차 그러하다. 한 순간에 녹아 굳어진 형상은 온갖 삶의 비애를 품고 있는 것처럼 보인다.

나는 플라워스톤을 주웠다. 다른 이들은 조그만 꽃 돌을 줍느라 서성이지만, 나는 꽃 돌보다 손아귀에 잡힐 정도의 큰 돌을 모았다. (현재는 돌을 가지고 나오는 것이 금지되었다고 한다.) 상당히 많이 가져온 것 같았으나, 집에 오니 몇 개 안 된다. 그중에서 바로 세워지는 돌 두 개를 골랐다.

하나는 현대문학의 양숙진 선생님께 드리고, 다른 하나는 이성복 선생님께 드렸다. 두 분께 드린 돌은 작으면서도 앙증맞다. 두 분의 취향에 맞춰 선택했다. 하나는 둥글고, 그 위에 한 사람이 고개 숙이고 내려다보는 형상이다. 고독해 보이기도 하고 우수에 젖은 듯 보였다. 다른 하나는 작은 동물의 모습 같기도 하고, 중앙에는 사람이 있으며 동물의 양쪽 발에 각각 한 사람씩 서 있다. 예쁘면서도 장난스러운 돌이다. 이성복 선생님은 매우 마음에 들어 하셨다. 양숙진 선생님은 어디서 채취했냐며 장소를 물으셨고, 조각 작품으로 두어도 손색이 없겠다며 감사해 하셨다. 두 분 선생님이 좋아하시니 먼 곳에서 가져온 나도 흐뭇했다.

4. 백 사막

백 사막은 그 자체로도 낯설어 마치 외계에 와 있는 듯 했다. 석회석이 풍화 작용으로 다양한 형상으로 변형된 모습은 매우 특이했다. 사람 얼굴, 버섯, 새, 동물의 형상은 경이로움을 자아냈다. 어떻게 이러한 형상이 만들어졌지? 바람이 어떻게 불어 이러한 형태로 깎였는지 정말 신기하다. 수백 개의 버섯모양의 석회암 물상이 백 사막을 가득 채우고 있었다. 이집트의 바람은 마치 예술가 같다. 한 방향에서 불어오는 바람이 아니다. 사방 골고루 마모된 것을 보면 알 수 있다. 인간이 아닌 신이 남기고 간 것처럼 정교하게 다듬어져 있다.

  지는 해와 떠오르는 달의 조화는 지평선에서만 감상할 수 있는 또 다른 진풍경이었다. 우리나라에서는 지평선을 볼 수 없었는데, 여기에서 처음으로 지평선을 목격하게 되었다. 가슴이 벅차올랐다. 사방을 둘러보니 지평선이 둥근 원처럼 내 주변을 둘러싸고 있었다. 노을이 둥근 하늘을 물들이고 있었다.

  자다가 오줌이 마려워 밖에 나왔을 때 본 하늘은 별들로 가득 차 있었다. 그렇게 선명하고 많은 별을 본 적이 없었다. 나는 어둠 속에서 동물이 땅을 파듯이 나도 흙을 파고 앉아 일을 보았다. 사막여우가 텐트 주변에 대추야자처럼 생긴 똥을 싸서 자취를 남기고 갔다. 나도 사막여우처럼 몇 곳에 자취를 남기고 돌아왔다. 사막여우가 영역을 표시한 것은 자신을 알리기 위한 것인데, 나도 누군가에게 내가 여기 왔음을 알리기 위한 것인가 생각하니 웃음이 나왔다.

아침 일출을 보기 위해 6시 경에 텐트를 나왔다. 붉은 기운이 하늘을 물들이더니, 해가 서서히 모습을 드러내기 시작했다. 해가 뜰 때와 질 때의 순간은 모두 다르다. 순식간에 솟아오르고, 질 때도 한순간에 넘어가버린다. 찰나에 뜨고 지는 것이다.

해가 떠오르는 순간은 정말 감동적이었다. 흑암과 같은 어둠이 걷히고 희끄무레 하던 사막이 훤해졌다. 나는 막 솟아오르는 태양을 바라보며 서 있었다. 눈을 감고 두 팔 벌려 손을 높이 치켜들고 깊은 숨을 들이켰다. 햇살을 받은 대지는 황금빛으로 물들어 갔다. 나도 황금빛으로 물들었다. 나와 태양이 하나가 되고, 햇살이 내 몸에 스며들어 세포 하나하나가 깨어났다. 마치 내가 태양 속으로 빨려 들어가는 듯했다. 지평선은 둥근 원으로 펼쳐져 있어, 지구가 둥글다는 사실을 실감했다. 동서남북 어느 방향에서 보아도 내가 중심에 있었다. 나는 우주의 중심에 서 있다는 것을 깨달았다. 여행을 마치고 집으로 돌아온 후에도 그 기분은 한동안 지속되었다. 내가 서 있는 곳이 중심이라는 것을 멀리 가서야 깨달을 수 있었다. 이 인식은 나의 삶에 큰 변화를 가져왔다. 여행을 다녀온 후 「그걸 찾다」라는 시를 썼다.

5. 건너 갈 수 없는 다리

카르낙 신전을 둘러보는데 몸이 신호를 보내고 있다. 겨우 신전을 둘러보았다. 왼쪽에는 연꽃 모양의 거대한 기둥이, 오른쪽에는 갈대 모양의 거대한 기둥이 130여 개가 갈대숲처럼 늘어서 있다. 정말로 거대한 돌기둥의 숲이라 할 수 있다. 이 기둥들은 이 지역의 기후에 맞추어 그늘만 들어가면 시원한 나무 그늘 역할을 하도록 제작되었다고 한다. 백성들이 신전에 와서 홍수 축제와 각종 제물을 바칠 때를 대비한 건축 기술이었던 것이다. 여러 이중적인 면이 있다. 호르스가 아버지 오시리스를 죽인 쎄트와 싸운 갈대숲을 상징하기도 하고, 더위를 피하기 위한 그늘 역할도 하였다.

나는 그 거대한 신전과 많은 인파에 지쳐 있었다. 어디 편안히 앉아 쉬고 싶었다. 마침 일행들은 마차를 타고 시장을 둘러보러 갔다. 나는 쉬면서 숨 좀 돌리고 싶어 가지 않았다. 남편과 아들은 마차를 타고 오면서 보아 둔 인터넷 게임방을 찾아갔다. 나는 기다리며 숙소 앞의 벤치에 앉아 나일 강으로 지는 노을을 바라보았다. 그곳은 벤치라기보다는 낚시 의자 몇 개가 놓여 있는 열악한 장소였다. 노을은 그 어떤 말로 표현할 수 없을 만큼 아름다워 혼자 보기 아까웠다.

내가 지치고 피곤한 이유는 아마 오전에 본 왕들의 골짜기에 위치한 황량한 무덤들과 수많은 귀족들의 무덤들을 관찰했기 때문일 것이다. 언덕 곳곳에는 도굴범들이 지나간 흔적이 선명하게 남아 있었다. 유적지를 돌아보며 느낀 점은, 여행이 궁극적으로 죽은 자들의 무덤 위를 걸으며 그들의 흔적을 더듬는 것이라는 생각이었다. 그들은 죽음을 두려워하며 영생을 꿈꾸었고, 죽은 후에도 살아 있을 때처럼 즐기기 위해 무덤 속에 부장품들을 넣었을 것이다. 우리가 유적지와 유물을 통해 그들의 삶을 들여다보고 있는 모습은, 사실 살아 있는 우리들과 별반 다를 것이 없다는 생각이 들었다.

결국 여행이란 특정한 유적지를 찾아가고, 박물관을 한 바퀴 도는 과정일 뿐이다. 유적지는 무덤이자 신전이며, 박물관은 죽은 자들이 사용하던 물건들을 모아 둔 장소다. 우리는 왜 이러한 것들을 찾아 멀고 험한 길을 마다하지 않고 가는 것일까? 그곳에서 무엇을 발견하고자 하는가? 내가 역사적인 의미를 몰라서 하는 말은 아니다. 죽은 자들이 남긴 것들 속에서 우리는 무엇을 찾을 수 있을까? 그저 신기하게 바라보면서 '그 시대의 사람들은 이렇게 살았구나.' 하고 감탄만 하고 마는 것인가? 세계 여러 곳의 유적지를 찾아다니는 이유에 대한 의문이 머릿속을 스치고 지나갔다. 그에 대한 답은 이내 찾았다. 여행은 나 자신을 발견하는 여정임을 깨달았다. 태양이 떠오르는 순간, 내가 있는 곳이 바로 중심임을 인식하게 되었고, 여행은 구도자처럼 나를 찾아가는 길이라는 사실을 알게 되었다. 눈과 귀를 열고 마음의 소리를 들으며 세계로 나를 확장해 나가는 과정임을 깨닫게 되었다.

잠시 강에 비치는 노을을 바라보는 것만으로도 몸이 많이 회복되었다. 그 유명한 나일 강은 생각보다 폭이 좁고 깊지 않았다. 그러나 강물이라는 것은 참으로 신기하다. 바라보는 것만으로도 마음을 편안하게 하고 기력을 회복시켜 주었다. 조금 전까지만 해도 온몸이 뒤틀려 주저앉을 것 같았는데, 이것이 바로 자연의 치유 능력이다.

해가 지고 노을의 잔영이 남아 있을 때, 강 건너에서 하나둘 등불이 켜지기 시작했다. 등불의 빛줄기가 길게 강물 위로 뻗어 나갔다. 그 불빛은 강물 위에 다리를 놓은 듯한 모습이었다. 아침이 오기 전까지 건너갈 수 없는 저 다리가 밤새 계속 놓여 있을 것이다. 살아서는 결코 건널 수 없는 그 다리는 죽음의 강과 다를 바가 없다.

6. 영혼의 울림이 있는 나라

아침 출발 전에 자유 시간이 주어져 에드푸 시장을 방문하였다. "원 달라, 원 달라."라며 상인들이 손님을 끌기 위해 소리치고 있다. 원 달라라고 하니, 편하게 들어와 보라는 의미다. 아침 일찍 나선 탓인지 시장에는 사람이 많지 않았다. 그러나 빵을 머리에 이고 가는 상인과 빵을 사는 사람들이 눈에 띄었다. 그들은 방금 구운 빵을 사서 아침 식사를 준비하는 것 같았다. 빵은 둥글고 넓적한 밀가루 반죽을 화덕에 구운 것인데, 머리에 이고 가는 상인을 보며 성경의 빵 굽는 관원장이 떠올랐다. 그때에도 저렇게 빵을 구워 머리에 이고 갔을 것 같다. 지금도 빵을 머리에 동개동개 이고 가는 풍습은 변하지 않은 듯하다.

  나는 막 상점 문이 열린 가게에 쉽게 들어갈 수 없었다. 들어가면 나오기가 쉽지 않기 때문이다. 상인은 고객이 상점으로 들어오면 빈손으로 나가지 않게 졸졸 따라다닌다. 장사 수완이 뛰어나다. 상인들의 영업 능력은 평범하지 않아서, 마치 찰거머리처럼 달라붙어 쉽게 빠져나올 수 없다. 사람들이 모여드니 상인들의 호객행위로 왁자지껄하다. 개구리가 떼로 울어대는 것처럼 시끄러워서 머리가 지끈거렸다. 그래도 시장에서 낙타 뼈로 만든 목걸이와 파피루스, 누비안 의상을 구입하였다.

  박물관에 갔다. 박물관이 비좁았다. 많은 유물이 정리되지 않은 채로 쌓아두었다. 마치 거대한 고미술상에 들어온 듯했다. 지금은 박물관이 완공되었을 것이다. 나는 투탕카멘왕의 미라를 박물관에서 보았다. 황금 가면을 쓴 왕은 어린 모습이나 위엄이 있었다. 그는 살아 있는 듯 부스스 잠에서 깨어날 것 같았다. 조금 색 바랜 명주 속옷이 걸려 있었고, 마차 위에는 방금 가져다 놓은 것처럼 색이 선명한 푸른 수레국화와 비

파가 있었다. 그리고 조금 퇴색한 금으로 만든 신발 한 짝도 곁에 놓여 있었다. 잠시 시간 여행을 한 듯 했다.

　이집트를 다녀온 후, 나는 「신들의 골짜기」, 「왕을 기다리며」, 「어둠을 보고 짖다」 등 서너 편의 시를 썼다. 여행은 문화시설이 뛰어난 곳이나 경치가 아름답기보다 영혼의 울림이 있는 곳을 찾아가야 여운이 오래 남는다. 이는 시뿐만 아니라 모든 예술작품에도 해당되는 것 같다.

뮤어우즈와 바다

> 파리는 변하는데 내 우울 속에선
> 아무것도 달라지지 않는구나!
> -보들레르, 「백조」에서

샌프란시스코 외곽에 위치한 뮤어우즈(Muir Woods National Monument)는 장대한 레드우드 군락으로 유명하다. 나무의 크기를 감상하기 위해서는 목을 길게 빼고 하늘을 올려다봐야 한다. 캘리포니아 북부 지역에는 레드우드가 널리 분포해 있다. 이 나무들은 우리나라 전나무와 비슷한 형태로, 붉은 나무 껍질을 지니고 있다. 레드우드는 300피트(약 90미터) 이상 자라며 평균적으로 2,000년을 산다고 한다. 그 생명력은 정말 경이롭다.

2,000년을 사는 나무와 달리, 우리는 100년을 살면서 서로

다투며 살아간다. 나무의 생명력에 비하면 인간의 생은 턱없이 짧다. 최근 주변의 지인들이 잇따라 세상을 떠났다. 과연 저세상은 존재하는 것일까? 그곳은 어디일까? 언젠가 우리 모두가 가야 할 저곳은 블랙홀일까, 아골 골짜기일까, 아니면 날개 달린 천사들로 가득한 곳일까? 이런 생각을 하면서 나무의 긴 생명력을 생각했다.

큰아들이 힐링 장소로 손꼽는 뮤어우즈에 가 보자고 했다. 주차하려면 일찍 출발해야 한다며 새벽 어스름에 집을 나섰다. 도착하니 주차장은 한산했다. 이른 아침이라 안내원조차 출근 전이었다. 입구는 열려 있어, 아침 일찍 온 사람들이 바로 들어가고 있었다. 우리도 그들을 따라 입장했다. 입구에서부터 감탄이 저절로 쏟아졌다. 이렇게 아름다운 곳이 이곳에 있다니! 입장료를 지불하지 않고 들어오니 더 기분이 좋았다. 숲은 태고의 모습 그대로 보존되어 있었다. 관람객들을 위한 산책로가 조성되어 있고, 숲으로 들어가는 길은 목책으로 막아 놓았다.

산책 코스를 따라 올라갈수록 '어머!'라는 감탄사가 저절로 나왔다. 다행히도 이른 아침이어서 관람 객이 거의 없으니 고요했다. 구석구석 놓치는 것 없이 잘 구경할 수 있었다. 이곳에는 푸른 이끼가 많이 자생하고 있었다. 나무가 높이 자라면서 자연스럽게 그늘이 생성되니 이끼가 자라고 기온도 낮추는 효과를 준 것이다. 하얀 버섯도 곳곳에 솟아 있었다. 태고의 모습은 이랬을까. 나무가 쓰러지면 그것대로, 길을 막으면 또 다른 길을 만들어가는 자연의 법칙이 느껴졌다. 마치 어딘가에서 요정이 나타나고, 토끼가 샘물에 물 마시러 올 것만 같았다. 그러던 중, 실제로 꽃사슴이 나타났다가 이내 사라졌다. 마치 영화 〈아바타〉의 한 장면을 연상케 하는 숲이다.

레드우드의 향기는 머리를 맑게 하고 기분을 상쾌하게 하며 심신을 편안하게 했다. 우리가 숲을 한 바퀴 돌고 입구로 돌아오니, 많은 사람들이 올라오고 있었다. 둘이 함께 오거나 혼자서 산책하는 사람들도 많았다. 뮤어우즈는 이 지역의 유지인 윌리엄 캔트의 소유였고, 그는 1908년 루즈벨트 대통령 시절에 국가에 기증했다고 전해진다. 그의 이름을 공원에 붙이려 하자 거절하여, 먼저 이 숲을 발견한 존 뮤어의 공로로 이름이 붙여졌다고 한다. 그래서 뮤어우즈라고 불린다. 이곳은 이 도시의 허파와 같은 존재다. 공기가 특별했다. 깊게 숨을 들이마시면 상쾌한 공기가 온몸에 퍼지는 듯했다. 그곳에 발을 내디딘 것만으로도 몸과 마음이 정화되는 기분이었다. 마치 신선이 사는 세상을 다녀온 듯하다. 숲이 이렇게 잘 보존되어 있는 것이 부러웠다.

  뮤어우즈를 내려가면 뮤어비치가 펼쳐진다. 해변은 제법 길다. 주변 지역은 높은 구릉으로 이루어져 있으나 나무는 거의 보이지 않고, 풀과 해국, 다육식물만 자생하고 있었다. 매우 신기한 풍경이었다. 뮤어우즈만 숲이 우거져 있었다. 해변을 따라 걷다가 한참을 멍하니 앉아 있었다. 바닷물은 회색빛이며, 파도가 힘차게 밀려오고 있었다. 검은 구름이 많이 끼어 있었던 탓인지, 거센 파도를 보자 갑자기 두려움이 밀려왔다. 점점 강해지는 파도는 앞선 파도가 사라지기도 전에 뒤에서 올라타 더 크고 높게 모래사장으로 향해 부서진다. 아이들은 파도가 밀려오는 것을 보며 발이 젖지 않게 피하는 놀이를 하며 이리저리 뛰어다녔다.

  바닷가에서 거세게 몰려오는 파도를 보니 무서움과 두려움이 스멀스멀 올라왔다. 해일이 닥쳐오는 것 아닌가 싶어 마음이 조마조마했다. 이 느낌은 나만의 것일까, 아니면 다른 사람들도 같은가? 텔레비전은 이런 두려움과 공포를 증폭시킨다. '해일'이라는 단어는 예전보다 더욱 깊이 각인되었다. 일본 지진 이후 밀려온 쓰나미의 뉴스를 보고서는 소리도 내지 못했다. 검은 파도가 순식간에 달려오니, 바다가 마치 한 마리의 거대한 짐승이 심호흡하는 듯했다. 그 짐승이 굶주려 언제 어디서 나타날지 모르는 거대한 입처럼 느껴졌다.

 일본의 지진은 단순히 한 국가적 사건을 넘어 전 세계적으로 신경증을 유발한 듯하다. 한 세대의 사람들이 함께 느끼는 불안과 공포는 지진의 충격에서 자유롭지 못하다. 다음 세대에 남길 유전자 정보에도 이러한 감정이 기록될 것 같다. 이 글을 쓰는 사이, 인도네시아에서 규모 7.5의 지진이 발생했다는 소식이 들려왔다. 해일이 밀려와 공항이 마비되고 전력이 끊겼다. 슬라웨시 주 팔루의 한 마을이 사라졌고 수천 명이 실종되었다고 한다. 정확한 피해 규모는 가늠할 수 없다고 한다. 이번에도 바다가 입을 벌리고 숨을 내쉬며 집채 같은 파도가 몰려와 집과 사람을 삼키고 한 도시를 휩쓸고 갔다. 자연재해 앞에서 무방비 상태로 사라진 사람들. 그들을 두고 무엇이라

할 수 있을까? 이 지구상에 안전한 곳은 없다.

뮤어 숲과 뮤어 해변에 대한 이야기를 하다가 엉뚱한 곳까지 흘러왔다. 삶과 죽음은 한 순간의 경계다. 슬라웨시 공항을 마지막으로 이륙한 비행기 조종사는 길이 울퉁불퉁해 평소보다 빨리 이륙했다고 전했다. 이륙한 후 관제탑과의 연락이 두절되었고, 내려다본 바닷물의 색이 평소보다 높고 거칠어 이상했다고 한다. 비행기가 조금만 더 늦게 출발했다면, 그 상상만으로도 아찔하다. 삶과 죽음의 경계에 대해 다시금 생각하게 된다.

구로베 협곡에서 본
슬픈 우리 역사

> 말하라, 그대들이 본 것이 무엇인지?
> -보들레르, 「여행」에서

 가을 단풍을 보러 가자는 말에 혹해서 일본 여행을 따라 나섰다. 도야마 공항에 도착하자마자 일이 꼬이기 시작했다. 공항에서 여행 가방을 찾아 끌고 나오는데 그 가방에 구멍이 나 있었다. 남편이 홈쇼핑에서 구매한 작고 아담한 여행 가방에 내 옷과 화장품을 넣고 갔다. 가방을 비행기 화물칸에 실어 보낸 것이 실수였다. 그렇게 가방이 파손될 줄은 전혀 몰랐다. 우선 저녁에 호텔 방을 배정받고 천 가방이라도 사려고 거리로 나섰다. 그러나 모든 상점의 문이 닫혀 있었다. 문을 열고 운영 중인 곳은 식당밖에 없었다. 호텔 건너편의 백화점도 7시에 폐점했다.

  다이소 같은 곳에서 장바구니를 구입해 호텔에 오니 복도가 시끌시끌하다. 나이 지긋한 여자들이 "숙자야 어디 있니" 하며 방마다 두드리며 복도를 서성이고 있었다. 일행의 방을 찾느라 분주한 분위기였다. 남을 배려하는 품격 있는 행동은 기대할 수 없었다. 같은 한국에서 온 일행 열두어 명이 내내 눈에 거슬렸다. 우리가 같은 나라 사람이라는 사실이 몹시도 부끄러웠다. 가이드는 단체의 힘에 눌려 그들이 원하는 편의를 봐주고 있었다. 누군가 여행을 가려 한다면 단체 여행객이 포함된 패키지 상품은 꼭 피하라고 말하고 싶다. 사람들의 교양과 품격이 국력의 일부라는 것을 실감했다.

  단풍을 보러 왔지만, 일본의 다른 지역의 단풍은 어떨지 모르겠지만, 다테야마의 단풍은 그렇게 좋지 않았다. 우리나라 여러 청정 지역의 단풍이 훨씬 아름다웠다. 침엽수림과 참나무가 많다 보니 색깔이 누르스름했다. 일본의 알프스라 불리는 다테야마와 구로베 협곡을 바라보며 일본의 단풍에 대해 이야기하기는 그렇지만, 전반적으로 본 단풍의 느낌은 은은하고 부드럽다.

우리나라에서는 설악산, 내장산, 지리산 어디를 가더라도 가을 단풍이 화려하다. 단풍의 아름다움에 감탄하며 산을 올랐던 기억이 떠오른다. 그에 비하면 다테야마의 단풍은 화려하지 않았다. 단풍이 든 나무에서도 그 나라 국민성을 읽을 수 있었다. 일본의 경우는 남에게 피해를 주지 않고 서로를 배려하며, 은근하지만 강하고, 부모의 직업을 운명으로 받아들이며 검소하고 근면하게 사는 모습이 단풍에서도 드러났다. 반면에 우리나라 단풍은 화려하고 곱고 강렬하다. 개성 있고 독창적이며 열정적인 우리나라 사람들의 성향이 반영된 것 같다. 남의 시선을 의식하지 않고 자신만의 밝은 빛을 발산하는 단풍은 마치 남들에게 튀고 싶어 안달하는 우리나라 사람들을 떠올리게 한다.

 여행 중 일본의 삼나무 숲을 볼 수 있었다. 메타세쿼이아와 같이 나무 꼭대기가 뾰족해 멀리서 보면 삼각형처럼 보였다. 우리나라 전나무처럼 잎이 뾰족하기도 했다. 감독 아키라의 영화『꿈』에서 삼나무 숲이 펼쳐진 장면이 떠올랐다. 여우 결혼식 장면에서 아름드리 큰 삼나무 숲이 등장했는데, 영화 속

모습이 너무 인상적이었다. 나는 언제 일본에 가서 삼나무를 보아야겠다 싶었기에 삼나무 숲을 유심히 보았다. 그러나 영화 속의 우람한 삼나무와는 조금 달라 아쉬움이 남았다. 아키라 감독은 그 삼나무 숲을 어디에서 촬영했을까?

다테야마 무르도에서 전기 버스를 타기 전에 산책을 하였다. 길을 따라 올라가니 푸른 호수가 눈에 들어왔다. 작은 분화구 주위의 땅은 가스로 인해 하얗게 변해 있었다. 곳곳에서 하얀 연기가 피어오르며 유황 냄새가 진하게 퍼졌다. 해발 2,000미터가 넘는 곳에는 케이블카, 트롤리 버스, 로프웨이와 같은 다양한 교통 수단이 마련되어 있었다. 차례로 교통 수단을 이용해 구로베 댐에 다녀왔다. 구로베 댐은 그 규모와 높이가 정말 엄청났다.

다음 날, 구로베 협곡으로 올라가 산악 기차를 탔다. 산 중턱에 굴을 뚫고 길을 만드는 것은 대단한 투지와 끈기가 없이는 이루기 힘든 일이다. 굴을 지나던 중 엄청남 물이 흐르고 있었다. 물소리가 콸콸콸 울리며 벽을 타고 흘러 무섭기도 했다. 그런데 가이드가 협곡 대공사에 우리나라의 선조들이 징병으로 끌려와 노역을 했다는 이야기를 듣자 가슴이 저릿했다. 대한민국이 지금 이 순간에도 여전히 건재하다는 사실에 얼마나 감사한지 모르겠다.

그날 저녁, 일본 다다미방이 있는 숙소에 머물렀다. 3층 창밖에 펼쳐진 풍경이 마음을 편안하게 해 주었다. 내 마음은 참 묘하다. 남들이 좋다고 하는 곳에서는 시큰둥한 반면, 아주 사소한 것에서 감동을 받으니 말이다. 내가 머문 곳은 바다와 강이 만나는 지점이었다. 창밖으로 비가 부슬부슬 내리며 빗방울이 물 위에 떨어져 동그란 파문을 만들었다. 여행 중 비 내리는 강물을 바라보는 것은 또 다른 즐거움이었다. 강과 바다의 합수 지점이라 그런지 매우 넓어 바다 같았다. 어두침침한 바다 같은 강을 보며 일본 작가 마루야마 겐지의 소설 『물의 가족』이 떠올랐다. 물에 대한 감각적 표현과 시적인 문체가 떠올랐다. 그대로 검은 강물과 불빛과 빗소리를 들으며 밤을 지새우고 싶었다. 소설 속 한 구절인 "밤은 물소리와 함께 깊어 간다."를 중얼거려 보았다.

소설의 주인공이 집을 떠나 외진 곳에 숨어 사는 것처럼, 겐지도 은둔 생활을 하며 글을 썼다. 그는 작가정신을 지키며 자신의 작품으로 말하고자 하는 의지가 강한 소설가다. 세상과 타협하지 않고 자신의 명성으로 구걸하지 않는 작가로, 보들레르에게서 보았던 문학 정신을 구현하고 있었다. 그는 나이가 들면서 새벽 4시에 일어나 한두 시간 동안 맑은 정신으로 글을 쓴다고 한다. "내가 원하는 것은 소설을 쓰는 것이지 그 이외의 것은 아무것도 아니다"라며 결연한 문학 의지를 표명한 바 있다. 그곳에 비가 오고 강물이 흐르고 있어 그나마 다행이었다.

날씨 이야기

> 끝없는 빗줄기를 펼치는 비는
> 거대한 감옥의 창살을 닮고
> -보들레르, 「우울4」에서

 우리나라는 사계절이 뚜렷해 날씨의 다양한 변화를 체험할 수 있는 장점을 가지고 있다. 비, 햇빛, 바람, 눈, 구름, 장마, 태풍, 폭우, 폭설, 폭염, 천둥, 번개, 우박, 안개에 더해 이제는 황사와 미세먼지도 추가되었다. 곧 북쪽에서 내려온 한파로 인해 기온은 영하로 떨어지고 눈이 쌓이게 되면 외부 활동이 제한되어 자연 날씨에 제약을 받게 된다.

 일반적으로 사람들은 맑은 날에는 긍정적인 기분을 느끼지만, 흐린 날이나 폭염이 지속되면 의욕이 떨어지고 예민해져 사소한 일에도 신경을 곤두세우게 된다. 또 날씨가 추워지고 일과 시간이 줄어들수록 술 소비가 증가하며 우울증 발생 빈도도 높아지는 경향이 있다. 나도 아침부터 안개가 짙게 끼거나 비가 오는 날이면 커피가 당겨서 연달아 두 잔을 마실 때가 있다.

날씨에 따라 우리의 라이프 스타일이 변화하는 것은 지극히 자연스러운 일이다. 대부분의 사람들은 별 문제 삼지 않았지만, 현재 세계 경제 활동의 80% 이상이 날씨에 의해 영향을 받고 있다. 날씨가 세계 경제를 움직인다고 해도 결코 과장된 말이 아니다. 극단적인 날씨와 자연재해는 예고 없이 찾아오기 때문에 그 영향력은 상당히 크다. 날씨는 경제, 문화, 해상 운송, 자동차 산업, 무역, 식량, 항공, 관광 산업 등 모든 분야에 민감한 요소이다.

날씨를 알아야 미래를 대비할 수 있다. 인류가 출현한 이래 자연현상은 인간의 삶에 심각한 위협이 되어왔고 현재에도 여전히 그러하다. 미래의 날씨를 예측할 수 있다면 경제적 주도권을 확보하는 것과 다름없는 셈이다. 날씨가 우리의 삶에 지대한 영향을 미치기에, 남들보다 더 민감하게 반응하는 사람들이 있다. 그중에는 예술 분야 종사자들이 많은데, 그들은 날씨에 마음을 베이기도 하고 위로받기도 한다.

작가들이 날씨에 대해 어떤 생각과 감성을 지니고 있는지 궁금해졌다. 비 오는 풍경이나 빗소리에 자신의 마음을 투영한 작품들이 여러 개 발견되었다. 비는 모든 사물이 과장되어 보이고, 어떤 신비스러운 느낌을 준다. 비는 우리의 마음을 차분하게 가라앉히기도 하며, 때로는 우울감과 불안, 권태로움을 느끼게도 한다. 날씨가 자아의 감성과 심리에 미치는 효과에 대한 연구도 진행되고 있다. 18세기 이전에는 개인적인 감성을 담은 글이 드물었다. 자료를 찾기 어려운 점도 있었겠지만, 사회적 관습이나 집단적인 관점에서 바라보았던 탓이 큰 것으로 보인다. 그 시대의 글에서는 한밤중에 격렬하게 쏟아지는 비와 모든 것을 휩쓸어가는 대홍수에 대한 두려움이 주로 표현되었다.

현대에 들어서면서 비는 개인의 감정이나 일상생활과 연결되어 바라보게 되었다. 민족 시인 이상화는 "파란비가 초-ㄱ 초-ㄱ 명주 씻는 소리를 하고/오늘 낮부터 온다./비를 부르는 개구리 소리 어떤지 을씨년스러워/서글픈 마음이 가슴에 밴다./나는 마음을 다 쏟던 바느질에서 머리를 한 번 쳐들고는/아득한 생각으로 빗소리를 듣는다./초-ㄱ 초-ㄱ 내 울음 같이 훌쩍이는 빗소리야/내 눈에도 이슬비가 속눈썹에 드는구나."(「파란비」)라고 하며, 빗소리를 '초-ㄱ 초-ㄱ'이라는 의성어를 통해 그리움과 슬픈 마음을 잘 드러냈다.

프랑스 시인 폴 베를렌느는 "거리에 비가 내리듯/내 마음에 눈물 내린다./가슴속에 스며드는/이 설레임은 무엇일까?/대지에도 지붕에도 내리는/빗소리의 부드러움이여!/답답한 마음에/오! 비 내리는 노랫소리여!/울적한 이 마음에 까닭도 없이/눈물 내린다."(「거리에 비 오듯이」)라며 자신의 우울과 비애를 비와 눈물로 감미롭게 표현하였다.

전성호 시인은 "비가 오면 나무들은 물고기가 된다 (「비」에서)"라고 언급하며, 비 오는 거리의 가로수와 젖은 나뭇잎을 물고기로 비유하여 비를 회화적으로 바라보아 즐기고 있다. 엄원태 시인은 "비 그치자 저녁이다 내 가고자 하는 곳 있는데, 못 가는 게 아닌데, 안 가는 것도 아닌데, 벌써 저녁이다 저녁엔 종일 일어서던 마음을 어떻게든 앉혀야 할 게다 뜨물에 쌀을 안치듯 빗물로라도 마음을 가라앉혀야 하리라 (「저녁」

에서)"라고 하며, 비 오는 날 화자가 가고 싶은 곳에 갈지 말지 갈피를 잡지 못하는 어수선한 마음을 표현하였다.

 월트 휘트먼은 "그대 누구인가? 감미롭게 쏟아져 내리는 비에게 물었더니/(…)/ 나는 대지의 시라고, 빗소리는 말했네"라고 하여, 비가 땅으로 내리는 모습을 대지에 시를 쓰고 있다고 상상했다. 스탕달은 "영원히 내릴 것처럼 질척하고 고약하고 밉살스러운 비"라고 하며, 비를 지독히 싫어하였고, 앙드레 지드는 그의 일기에서 "사흘 연속 비가 온다. 머리는 무겁고 불안하고 우유부단한 상태"라고 하여 비에 대한 혐오를 드러냈다. 비의 역사와 비의 정치사도 있다. 그러고 보니 날씨는 모든 분야에서 우리의 삶에 지대한 영향을 미친다.

 여행을 할 때면 나는 종종 메모를 남긴다. "노천카페에 오래도록 앉아 해지는 풍경을 바라보았다. 그날 아무 이유 없이 가슴 한쪽이 아렸다." 또는 "바다는 쌀뜨물을 풀어 놓은 것 같다. 아니, 쌀뜨물보다 짙어 잿빛이다. 잿빛을 안고 바다는 내게로 오고 있다. 지치지 않고 몰려오면서 끝없이 물갈퀴 같은 손을 내밀지만 끝내 손을 펴보지 못하고 오리고 만다." 메모 노트에는 날씨에 따라 그날의 마음의 변화를 끄적거려 놓았다.

날씨는 인간의 심리 외에도 언어에도 영향을 미치고 있다. 사람의 음색과 날씨의 연관성에 대한 연구에 따르면, 3개 이상의 음색을 가진 복합 음은 주로 습한 지역에서 형성되고, 단순한 음색은 춥거나 건조한 지역에서 형성된다고 한다. 이러한 사실은 거주하는 지역에 따라 음색이 결정됨을 시사한다. "날씨만큼 이데올로기적인 것은 없다"는 롤랑 바르트의 말이 떠오른다.

봄 맛

> 무엇이든 다 있는 이 꿈의 나라에선
> 요리조차도 시적이고 기름지며 동시에
> 자극적이다 (……) 모든 것이 너를 닮았구나
> -보들레르, 「여행에의 초대」에서

 해마다 봄이 오면 봄을 앓았다. 올해는 그냥 잘 넘기나 보다 했는데 봄 손님은 와서 며칠 머물다 갔다. 겨울 그 추운 날도 잘 버텨 냈건만 봄은 일교차가 심해서인가. 오슬오슬 춥다 싶더니 덜컥 손님을 맞이하고 말았다.

 친구가 1년 간 플로리다에 머물며 써 온 생활 일기를 책으로 발간하고 싶다며 원고를 메일로 보내 왔다. 그녀는 책으로 내도 좋을지 봐 달라고 했다. 나는 일기라는 말에 호기심이 발동해 새벽까지 앉아 글을 읽었다. 그게 무리였던지 덜컥 소화 불량까지 겹쳐 고생했다. 속을 달래려고 죽을 쑤어 먹었다. 감기

몸살에 죽만 먹었더니 어지러워 자꾸 드러누웠다.

　무엇이든 먹어야 기운을 차릴 것 같았다. 그 때 삼계탕 생각이 났다. 삼계탕을 사오자마자 데워서 한 숟가락을 떠먹었다. 먹을 수 없었다. 비 오는 날 현관문을 열면 옆집에서 키우는 개 비린내가 심하게 나듯이 닭 비린내가 나서 도저히 먹을 수가 없었다. 몸이 안 좋으니 비린내가 더 나는 것 같다. 무얼 먹으면 입맛이 돌아올까? 기운을 회복할 수 있는 음식이 없을까? 하며 냉장고 문을 열었다 닫았다 하다가 냉동실에서 작은 플라스틱 통에 야채 얼려 놓은 덩어리가 보였다. 뚜껑을 열어 보니 지난해 봄에 얼려 놓은 쑥이었다. 오래된 냉동 쑥은 먹기 싫었다. "아 맞다. 쑥. 쑥국!"하며 난 동네 시장으로 달려갔다.

　시장에는 아주머니가 소쿠리에 쑥을 담아 팔고 있었다. 옆에는 달래, 부추가 아주 싱싱했다. 쑥과 달래, 부추를 봉지, 봉지 사들고 오자마자 냄비에 멸치와 다시마를 넣고 육수를 우렸다. 육수를 우리는 동안 쑥을 다듬었다. 나는 쑥을 좋아 한다. 쑥 향에 취해서 저기 어디쯤 봄볕 따뜻한 들녘에서 쑥을 캐는 아낙네가 된다. 그러면 정말 내가 산자락에서 쑥을 캐온 듯 흥겨워진다. 쑥과 달래를 다듬고 보니 엄지손톱과 검지 끝에 쑥물이 베어 까맣게 물들었다. 비누로 씻어도 잘 지워지지 않는다. 하지만 초록을 보고 다듬는 것만으로도 마음이 파릇파릇해졌다.

멸치 다시 육수에 된장을 풀고 쑥 더미에 생콩가루와 들깨가루를 고루 섞어 넣고 마늘 다지고 파는 송송 썰어 넣었다. "아 이 맛이다" 진한 쑥 향이 무뎌졌던 미각을 일깨웠다. 시장에서 사온 달래도 쫑쫑 썰어 고춧가루, 간장, 깨, 식초, 설탕에 버무려 놓았다. 두부를 작게 썰어 들기름에 구웠다. 두부 위에 달래무침을 얹었다. 봄을 먹었다. 심심하게 끓인 쑥 된장국을 두 사발이나 먹었다. 입맛이 돌아왔다. 몸이 따뜻해졌다. 쑥에는 무기질과 비타민의 함량이 많으며 특히 비타민 A와 C가 많이 들어 있다. 따뜻한 성질을 갖고 있는 쑥은 몸 안의 냉기와 습기를 내보내는 작용을 해서 몸을 따뜻하게 하며 식욕을 돋워 소화 효과에 탁월하다는 것이다. 봄을 먹고 빨리 기운을 차렸다.

나이가 든다는 것은 좋아하던 것을 하나 둘 내려놓아야 하는가 보다. 좋아하던 음식을 젊을 때처럼 다 찾아 먹으면 꼭

탈이 나고 만다. 그래서 마음이 좀 아프지만 내가 금해야 할 것과 먹어야 할 것들을 적어 보았다. 거기에 술과 커피까지도 금해야 했다. 먹는 재미가 사라졌다. 속이 편한 음식을 집에서 만들다 보니 예전 어머니가 차려주신 밥상 위의 음식들이 소복이 모여 있다.

청국장이 그렇고 푸성귀 겉절이며 장아찌 종류도 거의가 예전에 먹어 보았던 음식들이다. 젊은 시절에는 그런 음식을 거들떠보지도 않았는데, 이제 시장에 가면 그런 채소들이 눈에 들어온다. 마트보다 동네 시장으로 발 길이 간다. 푸성귀는 시장 어귀에 할머니들이 좌판을 펴고 파는 것들 중에 간혹 귀하고 싱싱한 것들을 만날 수 있다. 초록이 좋다. 땅을 뚫고 올라온 생명력이 강한 새순을 만날 수 있어 좋다. 쑥, 냉이, 부추, 달래, 어수리 나물, 두릅, 엄나무 순, 미나리, 방풍, 취나물, 명이, 고들빼기, 머위 등 이름도 잘 알지 못하는 나물들이 쭉 이름표를 달고 소쿠리에 담겨 있다.

돌아가신 친정어머니가 생각났다. 봄이면 어머니가 차려주셨던 밥상 위에 쑥국과 실파 겉절이가 있었다. 사실 난 젊은 시절에는 된장국이나 파, 달래를 좋아하지 않았다. 그런데 나도 모르게 예전에 먹었던 음식에 손이 간다. 내 무의식 속의 음식이다. 어머니는 씁쓰레한 나물을 맛있다 하셨다. 나는 한 입 물고는 뱉어 내면서 '왜 엄마는 이렇게 쓴 것을 맛있다 하시지?' 이상하다 여겼는데, 내가 어머니 나이가 되어 어머니가 좋아하시던 것을 맛있다며 즐겨먹고 있다. 아직 아이들은 쓴 나물에 손을 안 댄다. 나이를 먹으니 쓴 맛의 깊이를 알게 되는가 보다. 쓴맛은 인생의 한 고비를 지나 온 사람만이 느낄 수 있는 그런 맛이 있다. 쌉싸름한 맛 뒤에 오는 달달한 맛과 구수한 맛이 버무려진 쓴맛. 고진감래라고 표현하면 될까.

 차 한 잔을 들고 베란다에 앉아 따스한 볕을 쬐면서 젊은 날 그렇게도 싫어했던 봄을 맞는다. 그 때는 봄바람도 싫고 뿌연 황사도 싫고 여기저기 다투어 피는 꽃들이 좋은 줄 몰랐다. 학창 시절엔 봄이면 개학하고 뭔가 새롭게 시작해야 한다는 부담감에 싫었고, 결혼 후엔 아이들 키우며 정신없이 사느라 화창한 봄날이 더 싫었다. 봄엔 나른하고 권태롭기도 하지만 화창한 햇살 아래 못난 내가 다 드러나는 것 같아서 맑은 날이 싫었다는 보들레르처럼 나도 그랬다. 그러고 보니 나는 봄을 제대로 즐기지 못했다. 이제 봄을 즐겨야겠다.

삶과 죽음에 대하여

> 무관심의 열매인 권태는
> 불면의 크기로 커진다
> -보들레르, 「우울2」에서

반 고흐는 동생에게 보내는 편지에 이런 글을 썼다. 사람은 누구나 저 별을 향해 가고 싶어 한다. 살아서는 별에 갈 수 없고 죽어야만 갈 수 있다. 별에 가는 운행수단으로는 각종 병(病)이라며, 빨리 별에 가는 것은 병이라는 급행열차를 타고 가는 것이고 자연사 하는 것은 천천히 걸어가는 것이라 했다. 고흐의 글을 마음에 담아두었다가 「반 고흐에게」라는 시를 썼다.

우리는 사다리를 걸쳐놓고
한 계단 한 계단 걸어서 저별로

별을 세며 가는 중이야

저 별에서는 다들 한 식구가 되지

오라 부르지 않아도

우리는 혼자서

타박타박 저 별에 가야 해

이 별은 그렇게 지나가는 거야

―박지영, 「반 고흐에게」 중에서

  우리가 별에 가야 한다면 세상에 태어나는 순간부터 허공에 사다리를 걸쳐놓고 혼자서 저 별을 향해 가는 존재인지도 모른다. 이 지구라는 별은 저 별을 향해 가는 여정 중에 지나가는 과정이라는 사유를 끌어왔다.

  근래 몸이 부실해져 병원을 기웃거리게 되었다. 병원에는 어찌 그리 아픈 사람들이 많은지. 이 세상은 병원이라고 보들레르가 말했지만 아픈 이들이 붐비는 병원에 가면 삶과 죽음에 대해 생각하게 된다. 젊은 시절에는 죽음이라는 말을 입에 올리는 것을 기피했다. 죽음이라는 말의 파장이 두려워 외면

했다. 그러나 나이가 들고 보니 죽음은 늘 내 옆에서 같이 먹고, 자고, 놀고 같이 부대끼며 늘 나와 동행하고 있었다. 죽음이라 말을 받아들이니 말에 대한 거부감도 불편함도 줄어들어 이제는 죽음에 대한 글도 시도 쓴다.

얼마 전 노태맹 시인의 『굿바이, 마치 오늘이 마지막인 것처럼』이라는 에세이를 받아 읽었다. 늙음과 죽음에 대한 사유가 묻어 있었다. 시인인 그는 요양병원 원장으로 늘 죽음을 옆에 두고서 지켜보고 있는 의사이다. 환자의 마지막 가는 길에 자식들 보다 그가 임종을 더 많이 지켜보게 된다. 그는 과학의 힘으로 생명의 시간은 늘어났지만 삶의 시간은 늘어나지 않았고 말하며 생명의 시간이 곧 삶의 시간은 아니고 담담히 말하고 있다.

노태맹 시인은 또 죽음에 대해 환상을 가지지 말라고 한다. 죽음은 소설이나 영화, 드라마에서 아름답게 마무리 되고 죽음을 맞이하는 이들의 마지막 대사도 감동적이고 아름답지만 현실은 그렇지 못하다는 것이다. 죽음 앞에서 자신의 삶이 아름다웠고 행복했으며 즐거웠다고 회상하는 사람이 과연 몇이

나 될까? 하고 묻는다. 그는 "책을 많이 읽은 사람들, 혹은 종교적 수련을 받은 사람들은 자신이 죽음을 이길 만한 지혜와 용기가 있다고 믿는 것 같다. 그러나 나는 그것이 만들어진 허구라는 생각을 버릴 수 없다."고 한다. 영화나 드라마에서 연출한 죽음의 마지막 장면처럼 현실에서는 그렇게 죽음을 맞이하지 않는다는 것이다. 죽음의 문까지 많은 이들을 보내드린 그의 경험담이다.

　우리는 오지 않은 미래에 대한 불안과 걱정을 한다. 죽음을 경험해 보지 않아서 죽음을 모른다. 미래에 대한 불안과 걱정 때문에 현재를 제대로 누리지 못하고 즐기지도 못한 채 귀중한 시간을 마구 흘려보낸다. 과학의 발전으로 인간의 수명이 연장되고 있다. 점점 늘어나 최장 123세라고 한다. 과학자들은 최적의 조건이 갖추어지면 200세 정도 살 수 있다고 한다. 그렇게 오래 산다면 정말 행복할까? 준비 없이 길어진 여생은 행복이 아니라 재앙이 될 수도 있다. 초 고령 사회로 진입하는 이 시대에 노년의 살아 갈 날들을 위해 자기에게 맞는 새로운 꿈과 비전을 세워야 한다. 그래야 가치 있는 인생, 품위 있는 인생을 보낼 수 있다.

우리는 살아가는 법은 배우고 익히는데 늙어가는 법이나 죽음에 대해서는 배우려 하지도 않고, 구태여 알려고 하지 않는다. 주변에 나이든 이들을 보면 자신의 늙음을 인정하려 들지 않는다. 죽음은 두려운 존재이고 무거운 주제라고 생각하면서 자신과는 아주 먼 이야기라고 여긴다. 그렇게 준비 없이 노년을 맞게 되면 급변하는 주변 상황을 감당하기가 쉽지 않다. 그래서 노인들이 울분이 많아지는가 보다.

어느 정신과 의사 선생님이 외래로 오는 환자들 대부분이 외로움과 쓸쓸함으로 괴로워한다고 하셨다. 그 말씀을 듣고 정신질환이 '외로움과 쓸쓸함을 잘 극복하지 못해서 생기는 질환인가' 하는 생각이 들었다. 외로움이나 쓸쓸함은 애도의 문제와 연결돼 있다. 애도의 감정을 극복하지 못하면 깊어져서 멜랑콜리 증세가 나타날 수 있다. 사람은 누구나 외롭고 쓸쓸하다. 하지만 나이가 들수록 그런 감정이 더 강해져서 슬픔도 깊어진다. 만약 그 감정에서 쉽게 빠져나오지 못한다면 자신을 돌아봐야 한다. 노년기에 접어들면 지금까지 살아온 날보다 남은 날이 적기 때문에, 이제는 외부의 소리보다는 내부의 소리에 귀 기울이면서, 남은 삶을 어떻게 보내야 가치 있을지를 고민해야 한다. 혼자서도 외로움을 극복하고 잘 지낼 방법을 찾아야 한다.

외로움을 호소하는 환자들에게 의사 선생님은 "소화 잘 되는 따뜻한 음식을 먹고, 날씨 좋은 날 산책하세요. 향기로운 바디 제품으로 목욕하고 좋아하는 음악을 들으면서 차 한 잔을 마시고, 좋아하는 시가 있다면 그 구절을 낭송해 보세요. 아! 정말 살아 있음에 감사하구나! 정말 고마워! 하고 감사하며 지내세요."라고 처방하신다고 한다. 그리고 다음에 오실 때 어떻게 지내셨는지 말씀해 달라고 하신단다. 정말 멋진 처방이다. 걸어서 별에 가기 위해서는 이 처방대로 '마치 오늘이 마지막인 것처럼' 매 순간 즐겁게 살아야겠다.

4부

말할 수 없는 것을 말하다

우리는 어디로 가고 있는가

> 시인처럼 태양이 거리로 내려갈 때면
> 아무리 천한 것의 운명도 고귀하게 되고
> -보들레르, 「태양」에서

시간은 직선으로 쏜살 같이 가는 줄 알았는데 길게, 가늘게, 짧게, 굵게도 흘러간다. 어떤 시간은 빵처럼 부풀어 오르기도 하며 어떤 시간은 주르르 미끄러져 가기도 한다. 어떤 시간은 대나무 마디처럼 매듭이 지어져 있기도 하다.

하지만 몸의 시간이 느리게 가는데 비해 외부의 시간은 상대적으로 빠르게 가는 것처럼 느껴진다. 시간의 흐름에 몸을 맡기고 같이 흐르다 보니 내 의지와 상관없이 멀리와 있는 듯하다. 세월의 흐름에 가속도가 붙었다. 빠르게 느껴지는 것은 내 몸이 인지하는 것만이 아니다.

우리는 하루가 다르게 급변하는 세상에 살고 있다. 사회 변화의 속도가 엄청나다. 빠른 변화 속에서 어제의 진리는 더 이상 오늘의 진리가 아니다. 우리가 인식하고 있던 규범과 가치관이 변하게 되니 혼란스럽다. 무인 자동차가 상용화 되는 상황에 이르렀고, 얼마 전에는 화성 탐사선 인사이트가 화성 착륙에 성공했다. 인간의 힘으로 이루어냈다. 어린 시절 우주선을 타고 사람이 달이나 화성에 가서 도시를 건설한다는 만화를 보았다. 만화를 보면서 상상하던 것들이 현실에서 실현되고 있다.

인사이트는 '엘리시움 평원'이라고 명명된 화성의 적도 인근 지역에 착륙했다. 무게 360㎏의 인사이트 호는 1.8m짜리 로봇 팔로 화성 지표면에 지진계를 설치하고, 지하 5미터까지 파고들어 열 감지기를 통해 행성 내부의 온도를 측정하고 미세한 흔들림을 감지해 2년 동안 화성의 지질 관련 자료를 수집한다는 것이다. 놀라운 과학의 발전이다.

3주 전에 한 기관에 회의를 다녀왔다. 글쓰기를 위해 컴퓨터를 겨우 활용하는 게 다인 나는 아날로그 스타일이라는 것을 절실히 느끼는 날이었다. 나날이 발전해가는 IT 기술을 실제 생활이나 사무실 또는 학교에서 활용해 나가는 것을 구체적으로 나열하며 말씀하시는 것을 들었다. 아! 이렇게 실제로 활용하는구나 싶었다. 잠시 멍했다. 문화충격을 맛보았다. 우리나라는 초스피드 5G 시대를 열어가는 만큼 IT망은 거미줄처럼 초 연결되어 있다.

5G시대에 뭐가 달라질까 궁금하다. 전송속도는 LTE의 20Gbps다. 4G LTE에서 2기가바이트 영화를 다운로드하는 데 16초가 걸렸다면 5G 에서는 0.8초 만에 받을 수 있다. 4G에서 인터넷접속, 게임, 동영상 시청 등 불편함을 모르고 사용했는데, 5G가 표방하는 초스피드와 초조지연은 통신 기기의 반응속도가 기지국에서 서버로 보낸 것을 다시 단말기로 돌아오는 시간을 최소화 하는 게 핵심이라고 한다. 이를 통해 자율주행차, 인공지능, 사물 인터넷, 가상현실, 증강현실 등을 활성화 할 수 있다. 자율 주행차가 위험을 인지하고 멈추는 데 걸리는 시간이 짧아진다는 말이다.

5G 통신망은 4G의 10배인 100만 개를 동시에 연결 할 수 있다고 한다. 통신망을 활용한 스마트 시티를 만들고 그곳에 거주하는 사람들의 삶의 질이 향상될 것이라 한다. 수집된 빅데

이터와 AI를 활용한 도시를 그려 본다. 영화에서 본 도시가 떠오른다.

 스마트 시티가 형성되면 우리는 행복할까? 미국 사회학자 윌리엄 필딩 오그번(William Fielding Ogburn)은 새로운 기술을 도입할 때 그것은 단순히 기계적인 변화로 받아들여서는 안 되며 그 기술이 사회 제도나 가치관에 어떤 영향을 줄 것인지 예측해 보아야 한다고 했다. 시대 변화 속도와 개인의 라이프 스타일에 따라 문화의 속도는 늦게 반영될 수밖에 없다. 물질 문명이 변화하는 속도를 정신 문명이 따라가지 못하는 현상이 발생하게 된다. 그것을 "문화 지체현상"이라고 한다. 오그번은 『사회변동론』에서 처음 언급했다.

 사회변화의 속도를 사람들이 따라가기 바쁘다. 엄청난 IT문화의 문화 전파 속도와 우리들의 문화의식 사이에서 갭이 발생한다. 가치관과 규범 따위의 비물질 문화의 변화 속도가 기술을 포함한 물질 문화의 변화를 따라가지 못한다. 현대인들은 갈 길을 잃고 무엇을 어떻게 해야 할지, 어떤 것이 잘 사는 길인지 헤매게 된다. 방향 감각을 잃어 사회 부적응 자와 소외된 자들이 늘어나게 된다.

이런 스피드 문화에 불안했는데 전에 KT 아현 지사 통신구 화재를 경험했다. 그 지역 KT 인터넷, 휴대폰 무선 통신을 사용할 수 없었다. 그 피해가 엄청났다. 또 얼마 전 일본 영국 등 11개 나라에서 휴대전화가 동시에 불통되는 사태가 발생했다. 수천만 명이 불편을 겪었다. 휴대전화 통신망을 기반으로 하는 서비스가 제공되지 않았다. 어디에도 연락할 수 없는 불통 상태가 되고 만 것이다. 문명의 이기로 빚어진 일이다. 인공지능이나 자율 주행차가 운행하다가 무선 통신이 불통되어 갑자기 멈춰 버린다면, 아찔하다.

모든 것이 빨라져서 초스피드를 향해 가는 시대에 우리는 살아가고 있다. 우리는 모두 문명의 속도와 이기 속에서 불안을 느끼며 살아간다. 나도 종종 이 우주 안에 나만 홀로 떨어져 있는 것 같은 소외감을 느낄 때가 있다. 존재론적인 소외다. 초스피드 시대에 나는 빠름보다 느림의 길을 선호한다. 시대의 흐름을 알고 인식하면서 느린 길을 가는 것과 모르면서 가는 것에는 차이가 있다.

글쓰기는 오래 묵혀 둔 것을 실꾸리에서 실을 풀어내듯이 풀어내는 것이고, 실을 풀어낸 만큼 또 채워 넣어야 한다. 이 과정은 느리게 되풀이 되지만 느림에서 나 자신을 들여다보고 귀 기울여 들을 수 있는 이득이 있다. "이 시대에 어떻게 살아가는가?" 하고 묻는다면 방탄소년단 멤버가 UN연설문에서 했던 "너 자신에게 귀 기울여" 보라는 말을 전하고 싶다.

학교 예찬

> 인간은 기쁨 없이 결코 인간을 보지 못한다
> -보들레르, 「인공낙원」에서

미국에서 살고 있는 큰 아들 가족이 다니러 왔다. 9살, 5살 두 개구쟁이 손자 녀석이 온 집안을 뛰어다녔다. 남편과 둘이 살다가 혼이 쏙 빠져나가는 것 같았다. 사소한 일이 있어서 아이들을 잠시 내가 맡아 보게 되었다. 큰 손자는 다행히 집 앞 초등학교에서 한 달 공부할 수 있었다. 3학년에 편입되어 첫 날부터 기분 좋게 학교 수업을 듣고 왔다. 우리말은 잘 하지만 한글을 읽고 쓰는 것은 못해 걱정했으나 잘 적응했다.

아침이면 학교 간다며 신나서 뛰어갔다. 늦잠을 잔 날은 지각하면 안 된다며 밥도 거르고 달려가고, 일기를 한글로 못 써서 영어로 써 가곤 했다. 담임 선생님은 읽기 힘든 아이의 글을 읽고 코멘트를 해 주었다. 알림장을 보면 글을 쓴 것이 아니고 그림을 그려 왔다. 그래도 담임 선생님이 칠판에 쓴 것을 다 그려 왔다. 학교생활 어땠냐고 물으니 "좋아요. 재미있어요." 이삼일 만에 친구도 사귀었다고 자랑이다. 아이들은 서로 금방 친해지는가 보다. 반 친구들은 호기심에 이 것 저 것 많이 물어보아서 대답하느라 좋기도 하고 어려웠단다. 친구 이름을 물으니 모른단다. 담임 선생님이 반 친구들 이름과 사진이 적힌 유인물을 주어 반 친구 이름을 밤늦게까지 낑낑대며 외우고 있었다.

  작은 손자도 유치원에 등록해 한 달을 다녔다. 말이 더딘 녀석이라 은근히 걱정이 되었다. 말을 잘 못하니 소통이 안 되어 울거나 대열에서 이탈하지 않을까 염려스러웠다. 그러나 기우였다. 너무 잘 적응 했다. 유치원에 한 달을 다닌 작은 손자는 말문이 터져 아침에 일어나서 저녁에 잠들 때까지 잠시도 입을 다물지 않고 조잘거렸다. 그동안 말하고 싶어서 어찌 참았을까 싶다. 그동안 말을 못했으니 저도 얼마나 답답했을까. 의사표현이 안 되니 투정에 떼만 늘어 다루기 힘든 아이로 치부

했으니 안타까웠다. 아이는 우리나라 사람들 사이에서 편안했나 보다. 프로이트는 인간이 태어나 말을 하는 것이 태어날 때 받는 고통보다 몇 배 더 크다고 했다. 그러니까 아이가 말을 한다는 것은 이미 언어의 상징계 속으로 진입했다는 것이다.

큰 손자를 학교에 보내고 작은 손자는 유치원에 데려다주고 데려오고 하는 것이 얼마나 분주하고 바쁘던지 남편과 서로 시간이 되는대로 분담을 했다. 큰 손자가 다니는 초등학교가 방학을 하고 작은 손자가 다니던 유치원도 방학을 해서 오고 가는 일도 끝이 났다. 나는 이번에 학교 교육이 얼마나 중요한지를 알았다. 집에서 "이렇게 해야 해" 하고 몇 번을 말해도 듣지 않던 손자들이 학교 한 번 갔다 오더니 선생님이 시키는 대로 한다.

작은 손자도 선생님이 "사탕 먹지 말라"고 했다며 기특하게도 먹을 생각을 안 한다. 평소에는 막무가내더니, 선생님 말 한마디에 바로 행동으로 옮기는 것이다. 요즘 아이들에게는 무서운 사람이 없다. 아버지 어머니는 늘 내편인 친구 같은 존재이고, 할아버지 할머니도 아이들의 밥이다. 그런데 선생님을 두려워하고 말을 잘 들으니 정말 다행이다. 이런 상황도 오래 가지 않겠지만 아이들의 첫 교육에 유치원 선생님과 학교 선생님의 중요성을 깨닫게 되었다.

  큰 손자가 초등학교 여름 방학식을 하고 왔다며 2학기 교재를 한 아름 내놓는다. "나 이 책 다 가지고 갈래요." 하는 것이다. 읽지도 못하면서 책을 받아드니 미국에 가져가고 싶었나 보다. "할머니 근데 왜 친구들이 만날 때도 '안녕' 하고요. 헤어질 때도 '안녕'해요? 왜 '안녕, 안녕' 해요?" 하고 묻는다. 그러고 보니 다른 나라에서는 만날 때 인사와 헤어질 때 인사말이 다르다. "동휘야 너는 그럼 뭐라고 해." 하니, "만날 때는 '하이' 하고, 헤어질 때는 '바이'해요" 한다. 아이는 미국식 인사말에 익숙하니 아침에도 "안녕", 수업 끝나고 집에 오면서도 친구들이 "안녕"하니 이상했나 보다. "만날 때 안녕은 '하이'하고 같은 거야, 헤어질 때 안녕은 '바이'하고 같은 거고" 하니까. 고개를 끄덕이더니 "아! 헤어질 때 손을 흔들어요. 이렇게" 하며 이해했다는 표정이다. 나도 우리말이지만 별 생각 없이 사용했는데 손자의 한마디로 인해 안녕에 대해 생각하게 되었다.

  손자들은 이번 여름 방학의 기억 속에 오래 남을 아주 보람 있는 생활을 하고 돌아갔다. 친구들이 다음 방학에도 오라고 했다며 또 친구들을 만나러 오겠단다. 작은 손자는 유치원에 다니는 동안 여자 친구를 사귀어 손을 꼭 잡고 다녔다고 유치원 선생님이 알려주었다. 나는 "정말 잘 되었구나." 하고 좋아했지만 제 어미는 아무 말이 없다. 엄마가 없으면 "엄마 보고 싶어" 하며 우는 녀석이니, 며느리 입장에서 보면 아이에게 엄마인 자기가 전부라고 여겼는데, 아이 마음이 다른 곳으로 갈 수 있다는 게 웃을 일은 아니었던가 보다. 나는 "얘, 정상적으로 잘 크고 있다는 거야."하며 안심시켜 주었다.

손자들이 와 있는 동안 나에게도 아이들의 성장 과정을 지켜볼 수 있는 유익한 시간이었다. 다행히 손자가 우리나라 학교생활을 체험할 수 있어서 얼마나 감사한지. 흔쾌히 아이를 받아 주신 교장 선생님과 곽진영 담임 선생님의 자상한 지도에 이 지면을 빌어 고마움을 전한다.

우울한 사회와 청소년

> 벽시계는 불길한 소리로
> 거칠게 정오를 치고 있었다.
> -보들레르, 「파리의 꿈」에서

　예전에는 상상도 못했던, 금기시했던 영상물과 음반에 청소년들이 깊이 빠져들고 있다. 자기 파괴적인 음악에 열광하고 있다. 이런 종류의 영화와 음반은 적극적으로 구매돼 빌보드 차트에서 순위를 놓치지 않고 있다. 대부분의 콘텐츠가 공포, 죽음, 지구의 종말을 다룬다. 어두운 분위기의 화면과 영웅들의 잇따른 패배와 죽음, 음울함이 그 배경을 이루고 있다.

　요즘은 내면의 어둠을 담은 랩 가사가 자살 충동, 약물 의존, 패배감, 우울증을 주요 소재로 삼고 있다. 세기말적인 어둡고 우울한 분위기가 전 세계를 지배하고 있다. 한국 대중 음악상을 받은 제이 클레프의 앨범 타이틀곡은 〈지구 멸망 한 시간 전〉이다. "팝은 왜 점점 더 우울해지는가"라는 분석 기사가 영국 BBC와 미국 바이스에서도 관심 있게 다뤄졌다.

이러한 음울함에 대한 열광은 여러 가지 분석으로 이어진다. SNS에서 보이는 밝은 세계에 대한 피로감과 상대적 공허함이 반대로 드러났다는 주장이 있다. 그러나 남들의 불행을 보며 자신의 처지를 즐기는 심리도 없지 않다는 것이다. 더 이상 메시아는 없다는 절망감에서 냉소와 디스토피아적 사고로 옮겨간 것이라고 사회학자들은 분석한다.

"어둡고 우울하며 불안을 조장하는 콘텐츠가 감정에 영향을 미칠까?" 미국에서는 이러한 콘텐츠의 부작용에 대한 경계의 목소리가 나오고 있다. 넷플릭스 드라마 〈루머의 루머의 루머〉를 둘러싼 자살 조장 논란이 대표적이다. 국민건강보험 통계에 따르면, 우울증으로 진단받은 학생이 5년 사이에 78% 증가했다고 한다. 드라마와 자살률 간의 직접적인 연관성을 밝히진 않았지만, 다른 요소를 배제할 수 없다는 언급이 뒤따르고 있다. 학자들은 사이코패스적 성향과 폭력성을 드러낸 영화가 청소년에게 심각한 영향을 미친다고 의견을 모았다.

다른 예술계에서도 비슷한 경향이 나타나고 있다. 음울한 그림들이 전시되고 있는데, 시각적인 특성 때문에 이러한 그림들이 바로 영향을 미친다. 죽음이나 고통을 표현한 그림을 항상 곁에 두고 바라본다면 좋은 기운보다는 불편하고 불안한 기운이 머릿속을 자극해 우울한 분위기에 휩싸일 수 있다. 따라서 우리는 좋은 음악이나 밝은 영상, 글, 그림을 접해야 한다. 그래야 건강한 정신을 유지할 수 있다. 과학적으로 입증된 것은 아니지만, 옛 어른들은 좋은 것을 보고 듣는 것이 맑은 정신을 유지하는 데 중요하다고 하셨다. 이는 삶의 경험에서 나온 지혜라고 생각한다.

어렸을 때 어머니와 길을 가다가 마을에 상여가 지나가거나 안 좋은 일이 있을 때, 어머니는 나의 눈을 가리거나 몸을 돌려 보지 못하게 하셨던 기억이 난다. 어린이는 어린이답게 슬픔이나 고통을 빨리 알지 말라는 의미였던 것 같다. 그러고 보니, 어둡고 우울한 기운은 방어할 틈도 없이 스며들어 정신과 마음을 피폐하게 만들 수 있다는 걸 알게 되었다.

요즘은 언론에서 모든 것을 걸러내지 않고 거의 다 보여 준다. 어른이나 아이 할 것 없이 TV 앞에 앉아 있다가 아이는 보지 않아도 될 것을 다 보게 된다. 아이들이 너무 빨리 어른이 되는 게 아닐까 걱정이 된다. 중고등학생들이 세상의 고통에 공감하며 우울한 콘텐츠를 찾아다닌다니 걱정이 앞선다. 가까운 친구나 가족이 슬픔에 빠져 있으면 나도 쉽게 영향을 받게 된다. 슬픔은 어떤 감정보다 전이가 빠르다.

얼마 전, 세계보건기구가 게임 중독을 질병으로 정의하고 6C51이라는 질병 코드를 부여했다. 우리나라도 WHO의 권고를 받아들여 게임 중독을 공적인 의료 서비스로 인정하는 데 문제가 많은 것 같다. 정신의학계는 게임이 뇌와 근골격계에 미치는 영향에 대해 충분한 과학적 근거가 있다고 주장하고 있다. 그러나 게임 업계는 게임이 신체적인 금단 증상이나 내성이 생기지 않는다며 '마녀 사냥'이라고 반박하고 있다.

중독이란 현실 세계에서 사회적, 가정적, 일상생활에 어려움을 초래하며 주변 사람들이 문제가 있다고 인식할 정도로 과도하게 특정한 것에 집착하는 상태를 의미한다. 정신의학에서는 중독을 충동 조절 장애의 한 형태로 보고 있다. 특히 인터넷 중독은 정서적 불안, 낮은 자존감, 정체성에 대한 불만,

사회적 자신감 부족, 자기 실현의 실패, 환상적인 사고 경향이 있는 사람에게서 더 자주 나타난다고 한다.

  중독은 반복에서 비롯된다. 무엇에 중독되면 사람은 무의식적으로 자동적으로 행동하게 된다. 사람은 쾌락을 추구하는 경향이 있어 그 쾌락에 빠지면 계속 유지하고 싶어진다. 이를 향상성의 원칙이라고 한다. 반복된 충동은 좌절과 실패에서 비롯되며, 그 고통을 잊기 위해 다시 그 놀이에 집착하게 되는 것이다. 중독이 위험한 이유는 큰 즐거움을 얻기 위해 때때로 생명과도 맞서는 위험을 동반하기 때문이다. 사람들은 위험한 곳임을 알면서도 무의식적으로 발걸음을 옮긴다.

  프로이트의 손자가 어머니가 외출하자 실패놀이를 하며 놀았다. 어머니가 돌아와도 그 놀이에 몰두해 어머니에게 가지 않았다. 프로이트는 손자의 실패 놀이(fort-da)를 통해 인간의 반복적인 욕망에 대해 연구했다. 아이에게 어머니의 부재로 인한 불안과 슬픔이 실패 놀이로 상징화된 것이다. 사실 아이의 실패 놀이는 고통스러운 기억을 잊기 위한 것이었다. 불쾌감을 피하려는 경향이 놀이에 빠지게 했던 것이다.

프로이트는 손자의 실패 놀이를 관찰하며 그 놀이 안에 또 다른 종류의 쾌락(향락)이 있다는 것을 발견했다. 반복의 과정 속에는 다른 쾌락이 존재한다는 것을 증명한 셈이다. 우리의 삶에서 기쁜 일은 흔치 않지만 고통은 반복되기 때문에 쾌락과 향락이 끊임없이 반복될 수밖에 없다. 사실 우리의 삶 자체가 반복이다. 잘 살기 위해서는 반복적인 것을 긍정적으로 승화시켜 나가는 것이 중요하다.

합창에서 배우는 지혜

> 근심 걱정은 하늘로 증발시키고
> 머릿속과 벌집 속을 꿀로 가득 채운다
> -보들레르, 「태양」에서

 들뜬 마음으로 일찍 일어나 보니 땅이 촉촉하게 젖어 있었다. 오늘은 모교에 가는 날이다. 집을 나설 때는 비가 이미 그쳐 있었다. 우리 일행은 예약한 버스를 타고 가벼운 마음으로 출발했다. 새벽에 내린 비 덕분인지 하늘이 맑고 화창했다. 차창 밖의 초목은 푸르고 싱그러웠다.

 일행은 대구에 거주하는 이화여자대학교 동창회 회원들이다. 모교 〈동창의 날〉 합창제에 참석하러 가는 길이다. 해거리로 열리는데 마침 올해 합창제가 있다. 피아노가 있는 장소를 물색하고, 음악을 전공한 후배가 지휘를 맡아 주었다. 모두 바쁜 일정 속에서 시간을 내어 노래 연습을 했다. 이번에는 작곡가 이영수 선생님이 편곡한 찬송 〈내 평생 사는 동안〉을 선정했다. 부르기 쉽고 암기하기 쉬웠다.

  늘 바쁘다는 핑계로 행사에 빠졌던 나지만, 이번에는 꼭 참가하고 싶었다. 몇 번 연습에 참여하면서 노래를 따라 부르다 보니 마음이 편안해지고 가슴이 뭔가로 가득 차오르는 느낌이 들었다. '이게 기쁨인가? 행복감인가? 이런 감정은 뭐지?'라는 생각이 스쳤다. 성가대원들과 함께 노래하며 긍정적인 마인드를 가진 분들이 건강한 삶을 살아간다는 이야기를 어디선가 들었던 기억이 났다. 그 말이 이제서야 이해가 되었다. 여러 사람이 함께 합창하니 혼자 노래하는 것보다 더 좋았다. 잠시 연습을 마치고 돌아오니 가라앉았던 마음이 밝아졌다. 다 함께 하모니를 이루는 데서 오는 뿌듯함도 느꼈다.

  버스는 12시 전에 학교 교정에 도착했다. 총장 초대 오찬을 서둘러 먹고, 학교를 둘러보았다. 교정에는 133주년 기념 깃발이 바람에 날리고 있었다. 학교는 많이 변해 있었다. 졸업한 지 40년이나 되었으니, 예전의 모습은 찾아볼 수 없었다. 예전에 다녔던 길을 걸어 보니 푸르른 초목으로 둘러싸인 교정은 여전히 아름다웠다. 풋풋한 학생들을 보며 감회에 젖었다. 학창 시절에는 이곳이 그렇게 소중하다는 생각을 하지 못했다. 그저 미래가 암담하고 답답하게 느껴졌을 뿐이었다. 떠나고 나니 그 시절의 소중함을 알게 된다고 하더니, 그때 내가 지금처럼 알았더라면 좋았을 것이라는 생각이 든다.

예전에는 5월의 마지막 날에 메이데이 축제가 있었다. 이 축제의 하이라이트는 메이퀸 대관식과 운동장에서 열리는 쌍쌍파티였다. 그때 많은 남자 학생들은 쌍쌍파티에 파트너로 초대받고 싶어 했다. 메이퀸은 각 학과에서 대표를 뽑고 본선을 거쳐 선발했다. 퀸은 성적이 우수하고 인품, 자세, 용모, 의사 표현 능력을 모두 갖춰야 했다.

하지만 1976년부터 학생들은 축제 현장을 떠나 민주화 데모에 참여했고, 메이퀸 선발에 50%의 학생이 반대했다. "오늘날 누가 누구의 여왕이냐" 또는 "시대착오적인 쇼"라는 반대 의견과 "여자대학의 매력"이라며 찬성 의견이 나뉘었다. 결국 여론 조사에서 밀려, 1978년부터 대학의 상징 같았던 메이퀸 행사는 열리지 않게 되었다. 행사가 사라진 것은 시대의 변화에 따른 것이었다. 지금 돌이켜보니, 그 당시 여성학 강의가 처음 열렸는데, 그 강의가 메이퀸 선발을 없애는 데 영향을 줬던 것 같다.

동창의 날 기념식 1부가 끝난 후, 합창제가 시작되었다. 여덟 팀이 출연하는데, 대구지회 우리 팀의 발표가 첫 번째였다. 검정 옷차림에 인디안 핑크 코사지 하나씩 달고 나갔더니 분위기가 달라졌다. 무대 뒤에서 간신히 입을 맞춰 보고 무대로 올라갔다. 연습 때보다 더 잘 부른 것 같았다. 은혜로운 성가를 불러 많은 박수를 받았다. 합창을 마치고 내려와서 다른 팀의 곡을 들어보니, 우리 팀의 곡과 의상이 너무 고전적이었다. 대구의 보수적인 기질이 드러난 느낌이었다. 다른 팀들은 대학별로 합창단을 조직해 의상부터 시선을 끌었고, 거기에 율동까지 곁들였다. 어느 팀은 반짝이 의상을 입고 〈아모르파티〉를 신나게 불러 관객들의 호응을 얻었다. 시대의 흐름에 맞게 자유롭고 화려한 무대였다. 다행히 우리 대구 팀은 열심히 연습한 덕분에 일등상을 받았다.

행사가 끝난 후 모두 함께 일어나 교가를 불렀다. 애국가를 부를 때처럼 뜨거운 감정이 교가를 부를 때도 올라왔다. 얼마나 오랜만에 부르는 교가인지! 이번 합창제에 참가하길 잘했다는 생각이 들었다. 합창제가 아니었으면 어떻게 모교 대강당 무대에 설 수 있었겠는가? 모교에 대한 긍지를 느끼고 또 다른 감동을 받는 계기가 되었다. 나만이 아니라 함께 간 우리 팀 모두가 즐겁고 소중한 경험이었다고 했다. 선후배가 함께하는 자리에 감사하고 오늘 날씨에도 감사해졌다.

  소리 중에서 최고의 소리는 사람의 목소리라고 한다. 합창은 천부적인 목소리를 활용하기 때문에 누구나 할 수 있다. 합창의 매력은 화음이다. 합창은 서로의 목소리를 들으며 감정을 공유하기에 전체를 생각하는 배려심도 키워 주고, 노래 부를 때는 다른 잡념이 들지 않아 좋다. 작은 음들이 모여 아름다운 하모니를 이루듯이 합창이 인생과도 같다는 걸 배우는 하루였다.

기후의 변화

> 낮고 무거운 하늘이
> 솥뚜껑처럼 짓누를 때
> -보들레르, 「우울4」에서

너무 더워서 머릿속이 멍멍하다. 방전된 것 같은 기분이다. 뉴스를 클릭하니 지구가 붉게 물든 모습이다. 가슴이 답답하다. 지구가 불길에 휩싸인 듯해서 두렵다. 미국 CNN에서는 지구 평균온도가 섭씨 2도 이상 오르면 온실가스 배출량을 줄여도 고온 현상과 해수면 상승이 나타나는 '온난기'에 들어간다는 연구 결과를 보도했다. 온도가 2도만 더 오르면 지구 재앙이 온다고 경고하고 있다. 이산화탄소 배출량을 줄인다고 해도 인류가 '온실 같은 지구'를 통제하기 어려워질 것이라고 한다.

지구온난화에 가장 큰 영향을 미치는 것이 이산화탄소인데, 이는 화석연료를 태울 때뿐만 아니라 비료나 쓰레기에서도 발생하고, 초식동물이 풀을 소화할 때도 만들어진다. 또한 수소불화탄소, 과불화탄소, 불화유황 역시 영향을 미치고 있다. 이런 물질들은 산업공정에서 유발하는 것으로 지구의 자정능력을 상실하게 만든다고 한다. 이산화탄소를 흡수하던 숲이 줄어들면서 대기 중에 에너지를 흡수해 온실 효과를 일으키고 오존층을 파괴하고 있다. 오존층이 파괴되면 자외선에 그대로 노출되어 인간과 동식물 모두에게 악영향을 끼친다.

냉방기기의 냉매인 프레온가스와 스프레이의 충전제, 소화용액인 할론, 농약 원료인 메틸브로마이드 등은 오존층을 해치는 물질이다. 게다가 우리가 일상에서 사용하는 페인트, 살충제, 락스, 향수, 방향제, 비누, 샴푸, 세척제, 아세톤 같은 휘발성 화학제품들도 대기오염의 주요 원인이다. 매일 사용하는 것이라 환경오염의 원인이라고는 생각하지 못했다. 휘발성 화합물은 대기 중에서 오염물질을 생성하며, 장기간 흡입하면 폐에 해를 끼칠 수 있다. 우리가 그걸 오염물질인 줄도 모르고 얼굴에 몸에 바르고 문지르고 손톱에 발랐던 것이다. 화학공

학자들은 이런 냄새를 유발하는 물질들이 모여서 지구에 영향 준다고 경고한다.

또한 우리가 매일 사용하고 버리는 일회용 용기, 비닐봉지, 랩, 플라스틱 등은 햇빛에 의해 분해되면서 온실가스를 방출한다. 플라스틱이 분해될 때 메탄이 방출되는데, 메탄은 이산화탄소보다 25배나 강한 지구온난화 유발 물질이다. 무심코 사용하고 버리는 폐비닐에서 저밀도 폴리에틸렌이라는 많은 양의 온실가스가 방출되며, 페트병과 건축용 플라스틱 자재, 포장재에서 나오는 가스도 대기오염의 원인이라 한다.

가끔 천변을 걷다 보면 기분이 나빠지는 경우가 있다. 하루살이가 몰려드는 것보다 더 견디기 힘든 건 천변에서 나는 고약한 냄새다. 마치 샴푸나 합성세제 향 같은데, 이런 냄새도 휘발성 화합물로 대기오염의 한 원인이 된다. 우리가 일상에서 편리하게 사용했던 것들이 결국 우리의 삶을 황폐하게 만들고 있다. 게다가 그 결과는 우리에게 다시 돌아오고 있다. 영영 돌이킬 수 없는 땅이 되어버린 것이다. 인류가 발을 디딘 곳곳이 폐허가 되어, 발전이 인류에게 재난을 초래한 결과가 되었다.

   지금 세계 곳곳은 폭염과 산불로 고통 받고 있다. 스페인과 포르투갈의 남부 지역 기온은 47도에 달하고, 미국 텍사스는 45.5도까지 올라갔다. 폭염으로 인해 산불 피해도 더욱 심각해지고 있다. 미국의 역사상 가장 큰 산불 10개 중 4개가 최근 5년 안에 발생했다. 지구온난화로 인해 폭염이 산불의 규모를 키우고 있다.

   최근 캘리포니아 로스앤젤레스 카운티에서 시작된 산불은 23일 만에 진화되었다. 이로 인해 20만 명의 이재민이 발생했고, 1만 700여 채의 주택과 건축물이 소실되었다. 거대한 화재로 심각한 대기오염이 발생했으며, 해안으로 유입된 450만 톤의 잔해와 부유물은 심각한 환경오염 문제를 일으켰다고 한다.

   지구의 온도가 상승하면서 수증기 증발량이 강수량보다 많아지고 있다. 이제 우리는 가뭄과 산불의 이중고에서 벗어날 수 없다. 증발한 수증기는 비를 몰고 오지만, 한 번에 많은 양이 한 지역에 집중되어 산사태나 홍수를 일으키기도 한다. 한편 기후 변화로 인해 강수량이 감소하면서 사막화가 가속화되고 있다. 지구온도 상승으로 해수 온도가 높아지면 바다 생물도 살 수 없게 된다. 바다 역시 마찬가지로 사막화되고 있다. 바다 생물들이 생존할 수 없는 환경으로 바뀌고 있다. 극지방의 만년설이 녹아 해수면이 높아짐에 따라 일부 섬이 물속으로 가라앉아 사라질 것이라고 한다. 게다가 지난겨울, 캐나다 동부와 미국 동부에서는 영하 35-40도의 매서운 추위와 폭설이 도로와 공항을 얼어붙게 만들었다.

세계가 파리 기후변화 협정을 지킨다 해도, 온난화에 진입하는 것을 피할 수 없다고 한다. 우리는 지구를 보호해야 하지만, 아무것도 하지 않고 있다. 아주 작은 것부터 실천해야 한다. 인류는 생활 방식을 대전환해야 한다. 이제는 지구에서 살아간다는 것에 위기의식을 느껴야 한다. 예측할 수 없는 기후변화에 맞서 싸워야 하니까.

이 시대에 보들레르가 살아 있었다면 어떤 시를 썼을까? 그는 자신의 영혼과 파리를 일치시키려고 애썼으며, 도시의 깊고 외진 곳까지 파고들어 자신의 고통과 아픔을 내면의 시로 승화시켰다. 나는 내가 살고 있는 이 도시를 얼마나 알고 있는가?

미세 플라스틱의 공포

> 그대 사라지는 곳 내가 모르고,
> 내 가는 곳 그대 알지 못하니
> -보들레르, 「어느 여자 행인에게」에서

 천변으로 산책을 나가면 군데군데 모여 있는 노란색 동그란 알갱이를 발견할 수 있다. 이는 좁쌀처럼 보여 마치 누군가 새 모이를 놓아 둔 것처럼 보인다. 그러나 가까이 다가가 살펴보면, 이는 우레탄이 마모되며 생긴 부스러기들임을 알 수 있다. 시민들을 위한 편의시설에서 발생한 플라스틱 부스러기가 물속으로 흘러가고 있는 것이다. 현재 전 세계적으로 미세플라스틱에 대한 우려가 커지고 있는 상황에서, 수없이 부서진 알갱이들이 하천의 물속으로 쓸려 들어가고 있다. 이 작은 부스러기들이 하수 정화 시설에서도 걸러지지 않아 하천을 거쳐 바다로 흘러간다고 생각해 보라.

플라스틱 사용은 1930년대부터 시작되었다. 거의 90년 가까운 시간 동안, 플라스틱의 혁신적인 기술은 유리, 나무, 철, 종이, 섬유 등을 대체하며 주목받아왔다. 현재 우리 주변의 모든 물건은 플라스틱 소재로 만들어졌다고 해도 지나치지 않다. 플라스틱은 유연성과 탄력성, 그리고 내구성이 뛰어나 다양한 용도로 활용되고 있다. 매일 우리가 마시는 생수병에서부터, 화장품, 건축 자재, 포장 자재, 전기밥솥, 냉장고, 자동차와 비행기의 본체에 이르기까지 플라스틱이 사용되고 있다. 플라스틱은 저렴한 가격과 다재다능함, 영속성 덕분에 큰 장점이 되었으나, 결국 이러한 장점이 단점으로 작용하게 되었다.

또한, 세탁력을 높이기 위해 세제에 혼합되거나 치약, 클렌징 폼, 스크럽 속에 까끌까끌한 알갱이도 미세플라스틱으로 알려져 있다. 우리가 입고 있는 옷들은 폴리에스터와 같은 플라스틱 섬유로 만들어졌고, 이를 세탁할 때 발생하는 미세플라스틱은 하수구를 통해 하천으로, 결국은 바다로 흘러가게 된다. 바다로 흘러간 미세플라스틱은 새들이 물고기 알로 착각하여 삼킬 수 있으며, 플랑크톤 또한 이를 먹이로 오인해 섭취하게 된다. 결국, 작고 미세한 생물들은 플랑크톤을 먹고, 이러한 먹이사슬을 통해 우리의 입으로 들어오게 된다.

얼마 전 바다거북이 한 마리가 사망하여 해변으로 밀려온 소식을 뉴스에서 접했다. 그 거북이의 위장은 비닐로 가득 차 있었다. 해안가에 밀려온 고래의 뱃속에서 꺼낸 플라스틱 조각과 비닐이 쌓인 사진도 보았다. 호주 연방과학산업 연구기구의 조사에 따르면, 바닷새와 어류의 99.8%가 플라스틱을 섭취했다는 보고가 있었다. 해양 포유동물은 플라스틱으로 인해 부상을 입거나 사망하게 된다. 플라스틱을 섭취한 해양 생물들은 내분비 교란 물질로 인해 다양한 신체적 부작용을 일으키며 생명을 잃게 된다. 내분비 교란 물질은 동물이나 사람의 몸에 침투하여 호르몬처럼 작용하며 호르몬의 기능을 방해하는 물질을 의미한다. 이러한 환경호르몬은 인체의 호르몬 기능에도 영향을 미치는 화학물질이다. 사람의 몸에서도 유독성 물질을 방출할 수 있다.

이제 플라스틱 문제는 바다 생물의 문제만이 아니다. 우리가 필수로 사용하는 소금에도 미세플라스틱이 섞여 있다는 사실이 드러났다. 1킬로그램의 소금 속에는 550개에서 681개의 미세플라스틱이 포함되어 있으며, 우리가 마시는 식수 역시 안전하지 않다. 놀랍게도 우리는 매주 식수, 조개류, 소금을 통해 약 2,000개의 미세플라스틱 입자를 섭취하고 있다. 플라스틱이 햇빛에 의해 분해되어 잘게 쪼개진 후, 길이나 지름이 25밀리미터를 초과하는 플라스틱을 메크로플라스틱이라 하며, 5밀리미터에서 25밀리미터 이하의 플라스틱은 메조플라스틱, 5밀리미터 이하의 것은 미세플라스틱이라 한다. 그보다 더 작고 육안으로 식별할 수 없는 1마이크로미터 미만의 플라스틱은 나노플라스틱으로, 미세플라스틱보다 더 치명적이다. 이는 우리 몸의 세포막까지 침투하기 때문이다.

우리나라 연구진은 노르웨이령 스발바르 제도의 킹스베이 과학기지에서 나노플라스틱이 바닷물에 용해되어 있는지, 대기 중에 존재하는지를 연구하고 있다. 이 연구는 플라스틱이 전 세계에 얼마나 분포되어 있는지를 파악할 수 있는 중요한 지표가 된다. 따라서 연구진은 기러기들의 배설물까지 채취하고 있다. 미세플라스틱은 공기 중에서도 검출되며, 바람을 타고 100킬로미터를 날아 사람의 발길이 드문 지역까지 오염시키고 있다. 현재로서는 무시할 수 있을 만큼 미미하지만, 북극에서 나노플라스틱이 확인되면 전 세계적으로 오염 경고가 높아질 것이다. 한 번 바다로 흘러든 플라스틱은 제거할 수 없다는 것이 전문가들의 의견이다.

현재 우리나라에서 유통 중인 400여 개의 제품이 미세플라스틱인 마이크로비즈를 포함하고 있다. 한국 해양고학기술원의 보고에 따르면, 거제 해역 바닷물 1입방미터당 21만 개의 미세플라스틱이 발견되었다. 이는 다른 나라에 비해 높은 수치이다. 지구에는 매 10초마다 240만 개의 비닐봉지가 버려지고 있으며, 이들은 500년이 지나도 분해되지 않는다. 플라스틱이 우리의 삶에 너무나 깊숙이 파고든 것이다. 우리가 플라스틱에 둘러싸인 생활을 하면서 인간에게는 부메랑이 되어 고통을 주고, 우리는 플라스틱을 무의식적으로 섭취하게 될 줄은 예상치 못했다. 산책로에 깔린 우레탄의 폐기물이 잘 부드럽다고 만족했지만, 이제는 무분별하게 깔리면서 문제가 되고 있다. 우레탄이 햇빛과 바람, 비에 의해 점차 마모되며 생기는 미세한 알갱이들은 어떻게 처리해야 할까?

미세플라스틱 해결 방안으로는 생물성 원료로 만든 바이오플라스틱을 사용하는 것이다. 바이오플라스틱은 시간이 지나면 자연스럽게 분해되는 특성이 있어 환경에 미치는 피해가 적고, 재료로는 옥수수, 사탕수수, 쌀과 같은 곡물을 주로 사용한다. 자연환경은 우리의 건강과 직결되어 있다. 환경에 피해를 덜 주는 대체재를 신속하게 개발할 필요가 있다. 나는 환경 보호자는 아니지만, 지구 환경에 대한 우려가 커지는 이유는 우리의 땅이 많이 오염되었기 때문이다. 무엇보다 자라나는 어린아이들이 걱정된다.

행복은 마음먹기에 달렸다

> 어떤 사람에게는 평화를,
> 또 어떤 사람들에게는 근심을 인도한다
> -**보들레르**, 「명상」에서

멀리 있는 아들에게서 전화가 왔다. 서로 잘 지내냐는 안부를 묻는 사이 전화선 저쪽에서 들려오는 아들의 목소리에서 무언가 무거움이 느껴졌다. 사람의 말투나 목소리만으로도 그 사람의 몸과 마음의 상태, 감정의 기복을 어느 정도는 감지 할 수 있다.

무슨 일이 있냐고 묻기 전에 아들은 회사 내에서 부서를 옮겨 요즘은 제 시간에 퇴근하고 야근도 줄어서 편해졌다고 한다. 그러면서 하는 말이 교회에서 친하게 지내는 네 살 연상의 한 분이 자기 회사에 과장으로 오게 되었다고 한다. 그 사람은 경력이 없고 그동안 신학대학 다니며 공부만 했던 사람인데, 윗사람과 연이 닿아 낙하산 인사로 들어오게 된 것이 이해가 안 된다는 것이었다. 자신은 회사에 입사해 몇 년을 고생해서 이 자리에 왔는데 어떻게 경력도 없이 입사하면서 바로 과장으로 올 수 있냐는 것이다. 그래 속이 좀 상했나보다. 아들의 목소리에 묻어나던 무거움은 이 문제였구나 싶었다.

난 아들에게 그 사람의 심정을 이해해 보라고 했다. 그리고 진심으로 축하해 주라고 했다. 그 나이가 되도록 공부만 했다면 그 사람의 삶도 얼마나 힘들었겠냐. 지금 그 사람은 회사에 들어가서 잘 해낼까 싶어 근심이 될 거야. 준비가 된 사람이면 잘 버텨나갈 것이고, 준비가 안 된 사람이면 본인이 힘들어서 회사를 그만둘 거 아니니 하고 말했다. 그러면서 순간 떠오르는 말이 "아들아 그 사람 그 나이에 경력도 없이 바로 과장으로 오게 되었다니 하나님이 무척 사랑하는 사람인가 보다. 너도 하나님이 사랑하시니까 그 회사에서 잘 지내고 있잖니, 하나님은 너만 사랑하시는 게 아니야, 그 사람도 하나님이 사랑하신단다. 하나님이 사랑하셔서 그 사람을 그 자리에 있게 한 것을 네가 불편해 하면 되겠니? 자주 보는 분이니 네가 도와

줘." 하고 전화를 끊었다. 생각지도 않게 그런 말이 나왔다.

  그 말 때문에 나를 돌아보게 되었다. 나도 잘 나가는 친구를 부러워한 적이 있다. 학창 시절에는 서로 비슷했는데, 동창 모임에서 잘 나가는 친구를 보면 기분이 안 좋았던 건 사실이다. 이 말은 아들에게 하는 말이 아니라 나 자신에게 하는 말이었다. 그 친구가 지금의 자리에 오르게 된 건 그동안 열심히 살아온 결과이기도 하지만 하나님의 계획이 없었다면 불가능했을 것이다. 하나님이 그 친구를 많이 사랑하신다는 걸 깨달았다. 그 친구뿐만 아니라 내 주변의 많은 사람들도 생각해 보았다. 하나님은 나를 사랑하시듯이 각 사람을 다 인격적으로 사랑하신다는 것도 체득하게 되었다.

  우리는 내가 하면 당연한 것이고 타인이 무엇을 하면 과도하게 잣대를 가져다 대는 옹졸함이 있다. 나에게는 관대하면서 타인에게는 너그럽지 못하다. 가끔 사람들은 과거에 집착해 그 시절의 모습만 보고 현재에 이르기 위해 노력 한 것을 인정하려 하지 않는다. 과거의 고착된 시선으로 보고 폄하하기 일쑤이다. '내가 잘났으면 네가 잘난 것도 인정해야 한다.'

는 생각이 든다. 나에게 일침을 주는 하루였다. 행복은 멀리 있는 게 아니다. 행복은 내면에서 오는 것이다. 내 안에 있는 것을 보지 못하고 밖에서만 찾고 있었다.

하나님께 맡깁니다

> 나는 나 자신이 아닌 타자 속에서 살았고
> 괴로워했다는 것에 만족하며 자리에 눕는다.
> -보들레르, 「창문들」에서

아이들이 왔다 갔다. 멀리서 휴가를 맞아 오고가는 아이들을 보면 뭔가 모르게 짠하다. 오늘은 누워서 아이들을 생각하고 있는데 어머니가 떠올랐다. 과연 어머니께서 내가 친정에 갔다 올 때 차를 배웅하시며 이런 마음이셨을까? 시댁을 방문하고 돌아올 때면 시어머님과 시아버님께서 아파트 마당까지 내려와 배웅해 주셨다. 두 분도 이러한 마음이셨겠구나, 하며 기억을 되짚어 보았다. 이제야 비로소 부모의 마음을 알게 되었으니, 참으로 철이 늦게 든 것이다.

자식은 성인이 되어도 부모의 눈에는 여전히 어린아이와 같다고 하듯, 나도 그러하다. 비록 두 아들이 다 컸지만, 여전히 여러 가지 걱정을 하게 된다. 큰아이에게는 큰아이대로, 작은아이에게는 작은아이대로 일러 줄 것이 참으로 많은데, 어떻게 일러주어야 할지 고민이 된다. 예전 한 어머니가 미투리 장사를 하는 아들과 나막신 장사를 하는 아들이 있었는데, 비가 오면 미투리 장사가 잘 되지 않을까 걱정이요, 맑은 날이면 나막신이 팔리지 않을까 걱정한다고 하던 말이 떠오르듯, 자식에 대한 걱정은 끝이 없다.

이제 성인이 된 아들들은 자신들이 다 컸다고 생각할 것이고, 나보다 더 많은 것을 알고 있다고 여길 것이다. 그들은 자신의 힘으로 무엇이든 할 수 있다고 여기고 있을 것이다. 나도 아들들 나이 때는 모든 것을 내 힘으로 할 수 있다고 믿었다. 그러나 이 나이가 되어 보니, 내 힘으로 할 수 있는 일은 하나도 없다는 것을 깨달았다. 내가 어떤 일을 하려고 할 때마다 자꾸만 브레이크가 걸리는 것을 느꼈다. "왜, 나만 이렇게 힘들까." 하며 억울함을 느끼기도 했다. 나 자신을 돌아보지 않고 남 탓만 하던 시절이었음을 지금에 와서 생각해 본다. 돌아보건대, 이는 내가 미련하게도 안 되는 일에 매달려 있으니 하나님께서 다른 사람을 통해 나에게 결정을 내리신 것이었다. 우유부단하게 망설이며 안 되는 일에 머리를 박고 있었던 나는 하나님께서 그들을 통해 경고를 보내신 것을 깨닫지 못했다. 하나님의 경고를 알아차리기까지, 나는 지혜가 부족하여 많은 시간을 허비해 왔다.

이제 내 아이들이 빨리 하나님께 순종하고 하나님의 경고를 받기 전에 미리 알아차리기를 바라는 마음이 크다. 더 이상 내가 아이들에게 해 줄 수 있는 것은 아무것도 없다. 유일하게 해 줄 수 있는 것은 기도뿐이다. 그래서 틈날 때마다 나는 중얼중얼 주기도문을 외우거나, 두 아들과 며느리들, 손자들을 지켜 달라고 기도한다. '하나님, 저 아이들에게 이 험한 세상을 헤쳐 나갈 지혜를 주시고, 망망대해 바다 같은 세상에서 헤맬 때 등대 같은 빛이 되어 주셔서 어디를 가든지 함께 하여 주시기를 간구합니다.'라고 기도한다.

내가 이 아이들을 지켜 주지 못하고 어느 날 세상을 떠나게 된다면, 누가 이 아이들을 위해 기도해 줄 것인가 하는 근심도 했다. 이제는 그것 또한 내 욕심과 교만이었음을 깨닫게 되었다. 하나님께 맡긴다고 말만 하면서, 내 힘으로 하려고 했던 것이다. 나는 자식들에게 물려줄 재물도 별로 없다. 그러나 새벽기도를 항상 다니셨던 시어머님께서 우리 가족에게 믿음을 물려주셨듯이, 나도 아이들에게 하나님의 사랑을 물려주고 싶다. 아이들이 먼 훗날 서로 사랑하며 기쁘거나 슬플 때에, 주님 안에서 주님을 의지하며 살아가길 바란다.

마태복음 6장 26절에는 "공중의 새를 보라. 심지도 거두지도 않고 창고에 모아들이지도 아니하되, 천부께서 기르시나니"라고 하셨고, 31절에서는 "염려하여 이르기를 무엇을 먹을까, 무엇을 마실까, 무엇을 입을까 염려하지 말라."고 하셨다. 이제 우리 아이들을 하나님께 맡깁니다.

나의 친구

> ……꿈꾸며 듣고 싶다
> 바람에 실려 온 엄숙한 찬가들을
> -보들레르, 「풍경」에서

푸르른 가로수가 눈을 시원하게 하는 팔월입니다. 팔월은 녹음의 계절로, 이 아름다운 시기를 그냥 보내버리면 아쉬움이 남을 것입니다. 오늘 저녁에 가까운 곳으로 산책을 나가 보세요. 걷기는 내면으로의 여행이며, 자기 자신과 대화할 수 있는 소중한 시간입니다. 자신의 상처와 고통, 슬픔을 어루만지는 시간이기도 합니다.

위대한 예술가들은 산책을 즐겼다고 합니다. 그들은 산책 중에 자신을 보았던 겁니다. 외로움과 고독 속에서 산책을 통해 새로운 아이디어와 창작에 대한 열정을 키워왔습니다. 고통스러운 것을 외면하기보다 더 깊이 들여다보며 작품으로 승화시킨 것입니다. 걷기는 나를 세상으로 확장하는 출발점입니다.

저도 자주 걷습니다. 멀리 나가지 못할 경우 아파트 주변 산책로를 몇 바퀴 돌며, 오늘의 일들, 마음 상했던 일들, 그리고 감사한 것들을 떠올리며 걷습니다. 걷다 보면 복잡했던 문제들이 자연스럽게 정리되는 것을 느낍니다. 또한, 자연의 변화도 눈과 피부로 느끼게 됩니다. 매일 같은 바람인 줄 알았던 바람도 매일 다릅니다. 노을의 색 또한 그날그날 다릅니다. 하늘의 구름도 매번 그 모양이 다릅니다. 어느 날은 서쪽 하늘의 구름이 커다란 사원처럼 보였습니다. 저 하늘 너머에 다른 세상이 존재하는 것 같아 그 신비로움에 전율했습니다. 그 장면을 누구에게 보여 줄 수 없다는 사실이 아쉬웠습니다.

그 과정에서 저는 이 우주 속에서 제가 아주 작은 점과 같은 존재라는 것을 깨달았습니다. 그 순간, 제가 이 지구에서 대한민국 대구에 살고 있다는 사실이 놀랍게 여겨졌습니다. 이 세상에 거저 난 것이 없으며, 의미 없는 것도 없다고 합니다. 제가 여기에 있는 것 역시 어떤 의미가 있겠구나 싶어서 제 자신이 소중하게 느껴졌습니다. 제게 주어진 소명에 대해 깊이 생각해 보았습니다.

걷는 동안 저는 많은 생각을 합니다. 아니 안합니다. 친구와 이야기하는 시간이니까요. 제 친구가 누구냐고요? 어디를 가든 저를 지켜 주는 친구가 있습니다. 낮이나 밤이나 언제나 제 곁에 있는 친구입니다. 저는 저에게 일어난 일을 모두 이야기합니다. "다 아시잖아요. 어떻게 하면 좋을까요? 오늘 제가 실수를 했습니다. 많이 속상해요. 제가 성급했어요." 이렇게 말합니다. 그러면 그 친구는 모든 이야기를 들어줍니다. 친구와 대화하다 보면 자연스럽게 문제의 매듭이 풀립니다. "아, 그렇게 하면 되겠구나." 이때가 바로 깨달음의 순간입니다. 제 친구를 여러분께 소개할까요? 제 친구니 여러분의 친구도 된답니다.

여러분도 제 친구와 함께해 보세요. 걸으면서, 운전하면서, 일하면서 가슴이 답답할 때 말을 꺼내보세요. 가슴 속에 품고 있지 말고 솔직하게 털어놓으세요. 그러면 그 친구가 여러분의 이야기를 모두 들어줄 겁니다. 그리고 여러분도 마음이 편안해지고 넓어져, 다른 사람들의 말을 잘 들어줄 수 있게 됩니다. 제 친구가 누구인지 궁금하시죠? 제 친구는 하나님입니다. 저는 마음이 불편할 때 하나님과 대화합니다. 그러면 어두웠던 마음이 밝아집니다. 무거운 짐을 하나씩 내려놓은 듯 가벼워집니다. 기쁠 때는 "주님 감사합니다."라는 인사도 합니다. 저의 친구, 하나님과 함께 걸어 보세요. 기독교 신자가 아니라서, 교회를 안 다녀서 안 된다구요. 아닙니다. 조용히 "하나님!"하고 입을 열어 불러 보세요. 그리고 말을 하세요. 하나님께서 무척 기뻐하실 겁니다.

마치는 글

내 생의 족적

  얼마 전 발을 다쳐 깁스를 하고 목발을 짚고 다녔다. 집에서 휴식 아닌 휴식을 취하고 있을 때, 오랜 만에 컴퓨터를 켜고 깜박이는 커서를 응시하다가 첫 단어를 적고 문장을 써 내려갔다. 내 안에서 "바로 이거야!" 하는 소리가 들렸다. 이 느낌을 뭐라 표현해야 할까. 고맙게도 글쓰기는 그렇게 다시 찾아왔다.

  걷지 못하니 세상과 단절 되는 것 같았다. 걷는 것은 희망이고 나를 새로운 세상과 마주서게 하는 힘이었다. 호흡을 느끼며 내면으로 걸어 들어가게 하는 시간이었다. 온몸의 감각을 깨우고 몸이 허락하는 속도로 걸으면 생각하기에 최적의 조건이었다. 머리가 지끈거리던 문제들이 마치 얽혀버린 실이 풀리듯 명료하게 정리 되었다. 걸음을 멈추면 생각도 멈춰졌다. 걷기는 나를 돌아보는 시간인데 걷지 못하니 무언가를 잃어버린 듯 했다.

걷는 것과 글쓰기의 본질은 크게 다르지 않았다. 한동안 매일 일기를 쓰며 지루한 시간을 보낼 때, 보들레르를 통해 세상을 볼 수 있었다. 그는 깨어 있는 날카로운 의식을 가지고 어려운 상황에서도 자신의 감정을 직시하며 거리낌 없이 독창적인 언어로 시를 써 내려갔다. 나는 그의 예술가적 자존심과 고귀한 정신을 이 책에 담고 싶었다.

이 책을 끝까지 읽어 주신 모든 분들께, 그리고 이 책이 나오기까지 도움을 주신 출판사와 박지영의 마음 톡톡 칼럼 집필을 도와주신 《영남일보》, 또한 「보들레르와의 대화」 작성을 이끌어 주신 《시와 반시》에 진심으로 감사드린다. 이 책은 내가 살아온 인생의 흔적이다. 글을 쓰는 동안 나는 큰 즐거움을 느꼈고, 도서관을 오가며 자료를 조사하고, 커피 숍에서 교정을 보면서 잊지 못할 귀한 시간을 누렸다. 내게 주어진 아주 작은 지식이 지치고 힘든 영혼들에게 지혜와 위로가 되기를 간절히 바란다.